练就超强大脑！

经典思维游戏大全

大全

于雷 编著

人民邮电出版社

北京

图书在版编目（CIP）数据

练就超强大脑！：经典思维游戏大全 / 于雷编著
. — 北京：人民邮电出版社，2024.4
ISBN 978-7-115-63717-8

Ⅰ. ①练… Ⅱ. ①于… Ⅲ. ①智力游戏－儿童读物
Ⅳ. ①G898.2

中国国家版本馆CIP数据核字(2024)第033849号

免 责 声 明

作者和出版商都已尽可能确保本书技术上的准确性以及合理性，并特别声明，
不会承担由于使用本出版物中的材料而遭受的任何损伤所直接或间接产生的与个
人或团体相关的一切责任、损失或风险。

内 容 提 要

本书汇集了 15 种世界上经典的逻辑趣题和思维游戏名题，包括真话或假话、
帽子猜颜色、海盗分宝石、携物过河、燃绳计时、坏球称重、水壶取水、猜数字、
一笔画、数图形、图形分割、点阵连线、棋盘游戏、纸牌游戏，以及悖论与诡辩等。
本书不仅详细叙述了这些经典趣题的原形、内容、解法，还将内容进行了深度扩展，
把这些经典问题变换条件，进行变形延伸，或加深难度，或挖掘问题的实质，增加
了游戏的趣味性。本书还配有大量的练习并附有答案，旨在能够更好地训练和加强
读者的思维能力。

◆ 编　　著　于 雷
　　责任编辑　刘日红
　　责任印制　彭志环

◆ 人民邮电出版社出版发行　　北京市丰台区成寿寺路 11 号
　　邮编　100164　　电子邮件　315@ptpress.com.cn
　　网址　https://www.ptpress.com.cn
　　北京市艺辉印刷有限公司印刷

◆ 开本：787×1092　1/32
　　印张：7.75　　　　　　　　　2024 年 4 月第 1 版
　　字数：190 千字　　　　　　　2024 年 4 月北京第 1 次印刷

定价：39.80 元

读者服务热线：(010)81055296　印装质量热线：(010)81055316
反盗版热线：(010)81055315
广告经营许可证：京东市监广登字 20170147 号

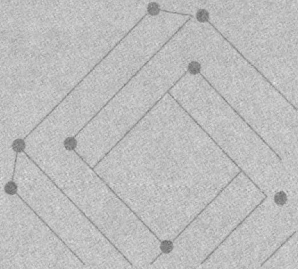

前言

　　优秀的人之所以优秀，并不在于他们有多聪明，而在于他们掌握了科学的思维方法。传统观念更是认为，拥有缜密的逻辑思维是智商高的表现，因为逻辑思维能力强，则理解能力强，思维反应活跃，所以通常被认定为天资聪慧、反应能力佳的表现。

　　现今社会，逻辑思维能力越来越被人看重，不仅工商管理硕士（MBA）入学考试有逻辑题，公务员考试也开始加试逻辑测试题，甚至在一些跨国公司的招聘面试中，这类逻辑训练题目也经常出现。

　　而思维游戏为我们提供了很好的训练思维的方法，好的思维游戏不但可以使游戏者有更高的思维效率和更强的思维能力，而且还能改变思维方式，进而改变人生。

　　本书列举了世界上经典的15种思维名题，详细叙述了这些经典名题的内容、解法，以及对我们的逻辑思维训练方面的益处。此外，我们还精选了近400道思维游戏题目，对这15种思维名题进行深度扩展。变换条件，加深难度，帮读者扩大视野，增长见识。

　　这些思维游戏每一道都极具代表性，看似简单，却非常锻炼我们的逻辑思维能力。我们在游戏或做题的过程中，需要大胆地设想、准确地判断和详尽地推理，发挥想象力和创造性，突破固有的思维模式，从多角度、多层次去审视问题，找出其内在的规律和特征，才更有益于我们逻辑思维能力的提高。

　　爱因斯坦说过：人们解决世界的问题，靠的是大脑思维和智慧。

思维能力在人的成功过程中起着举足轻重的作用，没有思维活动的参与，人类的任何发明创造都是根本不可能完成的。

"授人以鱼不如授人以渔"，做了足够的练习，我们也可以学会很多解决类似问题的常用方法和技巧，以后再遇到类似的逻辑思维题目时，或者遇到生活中的问题时，都可以迎刃而解。通过这数百个经典的逻辑趣题，切实提高广大读者的逻辑思维能力，才是笔者编写本书的目的。

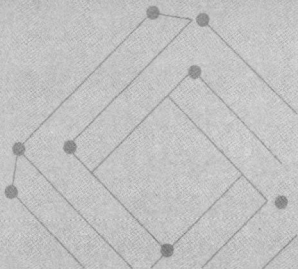

目录

第一章

真话或假话

真话假话问题，又叫说谎问题，假定人分为两类，一类永远说真话，一类永远说假话，根据两种人说的话来判断谁是哪类人。当然，有的时候为了增加问题的难度，会加入时而说假话，时而说真话的人。

下面是一个比较经典的说谎问题。

一个岔路口分别通向天堂和地狱。路口站着两个人，已知一个来自天堂，另一个来自地狱，但是不知道谁来自天堂，谁来自地狱。只知道来自天堂的人永远说实话，来自地狱的人永远说谎话。现在你要去天堂，但不知道应该走哪条路，需要问这两个人。只许问一句，应该怎么问？

答案如下。随便问一个人："如果我问另一个人'去天堂应该走哪条路？'他会指给我哪条路？"然后根据他的答案走相反的那条路就可以到达了。或者指着其中的一条路问其中的一个："你认为另外一个人会说这是通往天堂的路吗？"由于他们的回答必须糅合自己的和另外一个人的观点，所以，他们的答案是一样的，并且都是错误的。如果你指的正好是去天堂的路，那么他们都会回答"不是"；如果是去地狱的路，他们都会回答"是"。

当然，还有类似的其他问法。

为了更好地理解这个问题，我们首先要知道什么是说谎。所谓

"说谎"并不是指一个人说的话不符合事实，而是指说话的人相信自己说的话是假的。即使你说的话符合事实，但只要你自己相信那是假的，也属于你在说谎。

解决这类问题，大部分可以运用假设法，先假设再排除，直至找出正确的答案。

1. 真真假假

中级　　难度星级：☆☆★★★　　知识点：先假设，再推理

A、B、C 3个人的名字分别叫真真、假假、真假（不对应），真真只说真话；假假只说假话；而真假有时说真话，有时说假话。

有一个人遇到了他们，于是问 A："请问，B 叫什么名字？"A 回答说："他叫真真。"

这个人又问 B："你叫真真吗？"B 回答说："不，我叫假假。"

这个人又问 C："B 到底叫什么？"C 回答说："他叫真假。"

请问：你知道 A、B、C 中谁是真真，谁是假假，谁是真假吗？

2. 两兄弟

中级　　难度星级：☆☆☆★★　　知识点：矛盾关系

小姨带着她的双胞胎儿子来看望小红，两个小孩除了一个人穿红衣服、一个人穿蓝衣服，其他都一模一样。小红看了很高兴，左瞅瞅、右瞅瞅，就问他们谁是哥哥、谁是弟弟。穿红衣服的小孩说："我是哥哥。"另一个穿蓝衣服的小孩说："我是弟弟。"小姨在旁边咯咯地笑："小红，他们中至少有一个在说谎。"那么，你能帮小红判断出谁是哥哥吗？

3. 谁是哥哥

中级　　难度星级：☆☆★★★　　知识点：先假设，再推理

有兄弟二人，哥哥上午说实话，下午说谎话；而弟弟正好相反，上午说谎话，一到下午就说实话。

有一个人问这兄弟二人："你们谁是哥哥？"

较胖的说："我是哥哥。"

较瘦的也说："我是哥哥。"

那个人又问："现在几点了？"

较胖的说："快到中午了。"

较瘦的说："已经过中午了。"

请问：现在是上午还是下午？他们二人谁是哥哥？

4. 君子小人村

中级　　难度星级：☆☆☆★★　　知识点：排除法

我们都接触过一类很经典的逻辑题，是讲村子里的村民的，这类题变化多端，但都有一个类似的设定，即村子里所有的村民要么只讲真话要么只讲假话。我们把永远讲真话的人称作"君子"，把永远讲假话的人称作"小人"，而村子里的村民不是君子就是小人，下面的各题即以这个设定为背景。另外，别忘了只要一个人自认为他自己是在说假话，那他就是在说谎，即使他说的话可能其实是符合客观事实的。

假设有甲、乙、丙 3 个村民一块站在路口聊天。有个路人经过，他问甲："你是君子还是小人？"甲答了话，但相当含糊，路人听不清他说了什么，就问乙："甲说什么？"乙答道："甲说他是小人。"丙当即说："别信乙说的，他在说谎。"

请问：乙、丙各是何种人？

5. 凡夫村子

中级　　难度星级：☆☆★★★　　知识点：先假设，再排除

路人继续往前走，来到了另一个村子。这个村子里除了永远讲真话的君子和永远说谎的小人，还有时而说谎时而讲真话的凡夫。

路人在这个村子里遇到了甲、乙、丙 3 个人，其中有一个君子、一个小人和一个凡夫。他们做了如下的陈述。

甲："我是凡夫。"

乙："甲说的是实话。"

丙："我不是凡夫。"

甲、乙、丙各是何种人？

6. 等级高低

高级　　难度星级：☆★★★★　　知识点：先假设，再推理

在上面讲的这种凡夫村子里，假设小人等级最低，君子等级最高，凡夫的等级介于两者之间。现在甲、乙两人做了如下陈述。

甲："我比乙等级低。"

乙："这不是实话。"

你能确定甲或乙的等级吗？能确定这两个陈述是真是假吗？

7. 村子中的联姻

中级　　难度星级：☆☆☆★★　　知识点：排除法

路人继续往前走，来到了第三个村子。这个村子和第二个村子一样，村民分为君子、小人和凡夫3类。同时村里有一条严格的规矩：君子只能和小人结婚，小人只能和君子结婚，凡夫只能和凡夫结婚。

路人在这个村子里遇到了一对夫妻：甲先生和甲夫人。他们做了如下陈述。

甲先生："我妻子不是凡夫。"

甲夫人："我丈夫也不是凡夫。"

甲先生和甲夫人各是何种人？

8. 猎人和他的朋友们

中级　　难度星级：☆☆☆★★　　知识点：共同的条件

猎人住在森林里的时间长了，常常不知道当天是星期几。他在森林里有很多动物朋友，他有时会向它们询问日期。

假设狐狸每逢星期一、星期二、星期三说谎，其他的日子讲真话；而灰熊则和狐狸不同，每逢星期四、星期五、星期六说谎，别的日子讲真话。

有一天，猎人遇见狐狸和灰熊在树下休息。它们做了如下的陈述。

狐狸："昨天是我的说谎日。"

灰熊："昨天也是我的说谎日。"

根据这两个陈述，猎人能推出当天是星期几吗？

9. 巫婆和妖精

中级　　难度星级：☆☆★★★　　知识点：先假设，再推理

森林里的还住着一位巫婆和一个妖精。说来也巧，他俩一个像"猎人和他的朋友们"中的狐狸，星期一、星期二、星期三说谎，别的日子讲真话；另一个像"猎人和他的朋友们"中的灰熊，星期四、星期五、星期六说谎，别的日子讲真话。谁像狐狸，谁像灰熊，猎人可不知道。更糟糕的是，巫婆平时总会把自己变成妖精的模样，让人无法分辨。

一天，猎人遇见巫婆和妖精在一块。他们做了如下的陈述。

甲："我是巫婆。"

乙："我是妖精。"

究竟谁是巫婆、谁是妖精？这一天又是星期几？

10. 巫婆的习惯

中级　　难度星级：☆☆★★★　　知识点：排除法

森林里住着一位巫婆和一个妖精。他俩一个像"猎人和他的朋友们"中的狐狸，星期一、星期二、星期三说谎，别的日子讲真话；另一个像"猎人和他的朋友们"中的灰熊，星期四、星期五、星期六说谎，别的日子讲真话。谁像狐狸，谁像灰熊，猎人可不知道。更糟糕的是，巫婆平时总会把自己变成妖精的模样，让人无法分辨。

有一天，猎人碰到巫婆和妖精，他们做了如下的陈述。

甲："今天不是星期日。"

乙："事实上今天是星期一。"

甲:"明天是妖精的说谎日。"

乙:"狐狸昨天说谎。"

当天是星期几?他俩谁是巫婆?巫婆说谎的习惯像狐狸还是像灰熊?

11. 谁的魔法杖?

中级 难度星级:☆☆★★★ 知识点:先假设,再推理

一天,猎人在森林里捡到了一根魔法杖,他想这根魔法杖不是巫婆的就是妖精的,就出发去找他们。

猎人在小溪边找到了他俩,上去问这根魔法杖是谁的。甲答道:"魔法杖是妖精的。"猎人想了一会儿,又问乙:"你是谁?"乙答:"我是妖精。"猎人只知道当天不是星期日,他该把魔法杖还给谁?

12. 森林里的传言

中级 难度星级:☆☆☆★★ 知识点:先假设,再推理

最近森林里到处传言,说有个永远讲假话的魔法师搬了进来,并且说这个魔法师也喜欢把自己变成妖精的样子。猎人很想知道这件事是不是真的。

一天,猎人在森林里碰到了妖精,但他不知道这是真的妖精还是巫婆或者传言中的魔法师变的。猎人把最近森林里的传言说了一下,然后问他:"你到底是谁啊?"他答道:"我不是巫婆就是妖精,并且今天是我的说谎日。"

请问:传言是真的吗?

13. 披荆斩棘救公主

中级 难度星级:☆☆★★★ 知识点:先假设,再推理

有个美丽的公主被巨龙困在远方的城堡里,你一路披荆斩棘,

要去城堡把公主解救出来。

　　首先，你来到一个妖怪村子，想找个人做你的同伴。你知道这个村子里不是永远讲真话的君子便是永远讲假话的小人。另外，有部分村民其实是妖怪，他们也分为君子和小人。

　　你遇到了村民甲、乙、丙，这3个人里边有一个其实是妖怪。他们3个人各说了一句话。

　　甲："丙其实是妖怪。"

　　乙："反正我不是妖怪。"

　　丙："我们当中至少有两个是小人。"

　　你想在这3个人里挑个旅伴，但你也不想半夜被妖怪吃掉，所以不管是不是君子，只要不是妖怪就好。你应该挑谁？

14. 进入女儿国

　　中级　　难度星级：☆☆★★★　　知识点：逆向思维

　　离开妖怪村后继续前进，你来到了女儿国。女儿国的公主想让你留下来做她们的国王，但你是一个专情的人，只想去救出困在远方城堡里的美丽公主，你得想办法让女儿国的公主放你走。女儿国里民风淳朴，她们认为一个人要么是永远说谎的小人，要么是永远说真话的君子。

　　现在你知道公主喜欢君子，不喜欢小人。而且她喜欢穷人，讨厌有钱人。现在你怎么能只说一句话就让她相信你是她最讨厌的有钱的小人呢？

15. 询问国王

　　中级　　难度星级：☆☆★★★　　知识点：先假设，再推理

　　在上面所说的女儿国中，假设你意志不够坚定，被公主的美色和国王的权力吸引，犹豫要不要留下来。最后你决定如果女儿国的公主是君子就留下来，因为你不喜欢永远说假话的小人。但是女儿国有一条严格的规定，任何男性都不准主动和没有血缘关系的未婚女性交谈。所以你只能去问公主的母亲，也就是现任的女儿国国王。国王同意了你的请求，但只允许你提一个问题，而且她也只会用"是"或"不是"回答你。

为了知道女儿国的公主是君子还是小人，你该怎么问国王呢？

16. 不娶妖怪

中级　　难度星级：☆☆★★★　　知识点：先假设，再推理

在上面所说的女儿国中，现在假设女儿国里除了永远讲真话的君子和永远讲假话的小人，还有时而说谎时而讲真话的凡夫。公主也变成了三姐妹甲、乙、丙任你挑选。你知道3个公主中一个是君子，一个是小人，还有一个是凡夫。但是，你还知道那个凡夫其实是妖怪变的。虽然说你不喜欢小人，但你更不想娶一个妖怪。现在允许你从3个公主里任选一个，向她提出一个问题，不过被挑选的公主必须只用"是"或"不是"作答。

你该怎么问才能避免娶一个妖怪？

17. 逃离奇怪岛

中级　　难度星级：☆☆☆★★　　知识点：逆向思维

你终于摆脱了女儿国公主的纠缠，来到一个小岛上。这个小岛上的居民也分成永远说真话的君子、永远说假话的小人、有时说真话有时说假话的凡夫3种。不巧的是，就在你来到岛上的第二天，岛上发生了一起离奇的凶杀案，警官就来找你问话，而且他只允许你用一句话来替自己申辩。

假设警方已经知道凶手是小人，你该怎么说才能让警察相信你无罪呢？

18. 救出公主

高级　　难度星级：☆★★★★　　　知识点：逆向思维

历经千辛万苦，你终于进入了公主被困的城堡，面对守护着公主的巨龙。

巨龙并不想和你战斗，但是它提出了一个要求：只要你不是个凡夫就可以带走公主，因为凡夫反复无常，一点儿也靠不住。现在假设你事实上确实不是凡夫，你该怎样说服巨龙相信呢？

19. 世界存在吗？

中级　　难度星级：☆☆★★★　　　知识点：先假设，再推理

世界真的存在吗？还是一切都是虚幻？这个问题令所有哲学家大惑不解，甚至可以把这个问题看作唯一的基本哲学问题。按哲学用语来说就是：何以有物而非无物呢？

有个人一生都在想这个问题，为了弄明白这个问题，他读遍了哲学书籍也没能得出结论。于是他转向神学，问遍了许多博学多识的牧师，也没有得到圆满的解释。于是他又转向佛学，请教了各派的宗师，也无人能说清何以有物而非无物。最后，他遇见了一个隐居山林的圣人，那圣人指点他道："这个问题连我也无法说明白，但是我知道有个叫智者村的村子，那个村子里都是有大智慧的智者，而那个村子的村长又是智者中的智者，他肯定知道这个问题的答案。"

"那这个智者村又在哪儿呢？"

"唉，既然是智者，他们就懂为人低调的道理。我只知道在南方有个长老村，那个村子有 3 个村长，而其中一个村长是世界上唯一知道智者村位置的人。"

那人还想问长老村的具体位置，可圣人只答道："只要你和那个

村子有缘分，自然就能找到。"

告别圣人后，那人马上启程来到南方，一个接一个村子寻找长老村。有趣的是，这里的每个村子都是典型的"君子小人村"，村民不是永远说真话的君子，就是永远说假话的小人。

他在第一个村子里遇到了两个村民甲、乙，他们做了如下陈述。

甲："乙是君子并且这里是长老村。"

乙："甲是小人并且这里是长老村。"

这里是长老村吗？

20. 哪句是真的？

中级　　难度星级：☆☆★★★　　知识点：先假设，再推理

那人来到另一个君子小人村，遇到了两个村民甲、乙。

甲："或者乙是君子，或者这里是长老村。"

乙："或者甲是小人，或者这里是长老村。"

这里是长老村吗？

21. 寻找智者村

中级　　难度星级：☆☆★★★　　知识点：先假设，再推理

那人终于找到长老村了，然而更艰难的挑战在等着他。根据圣人所说，这个村子有 3 个村长，姑且称作 X、Y、Z，只有其中一个知道智者村的位置。于是他在长老村里到处打听到底哪个村长知道智者村的位置。一共有 5 个村民回答了他。

甲："X 村长知道。"

乙："Y 村长知道。"

丙："甲和乙不都是小人。"

丁："或者甲是小人，或者乙是君子。"

戊："或者我是小人，或者丙和丁是同一类人。"

那到底 X、Y、Z 3 位长老村村长谁知道智者村的位置呢？

22. 来到智者村

中级　　难度星级：☆☆★★★　　知识点：先假设，再推理

那人终于来到了传说中的智者村，而且知道了这里的智者也分成君子和小人两种。更特别的是，有些村民其实是化为人形的妖精，这些妖精也分为君子和小人两种。他来到智者村的消息马上传遍了整个村子，于是很多村民故意过来考验他。

第一个村民对他说："我不是小人就是妖精。"

他到底是什么？

23. 拜访哪间屋子？

中级　　难度星级：☆☆★★★　　知识点：先假设，再推理

那人的聪明获得了村民的认同，于是开始指点他哪间屋子是村长住的。村民们告诉他在 A、B、C、D 这 4 间屋子中至少有一间是村长家。

8 个村民对他做了如下的陈述。

甲："B 是村长家。"

乙："C、D 之中至少有一家是村长家。"

丙："甲和乙都是君子。"

丁："B 和 C 都是村长家。"

戊："B 和 D 都是村长家。"

己："丁或戊是君子。"

庚："如果丙是君子，己也是君子。"

辛："如果庚和我都是君子，那么甲也是。"

那人应该去拜访哪间屋子？

24. 谁是村长

中级　　难度星级：☆☆★★★　　知识点：先假设，再推理

那人终于进入了智者村的村长家，他看到屋子里坐着两个人，当然，可能村长就是这两人中的一人，也可能这两人都不是村长。这两人分别说了如下的话。

甲："我是小人并且我不是村长。"

乙："我是君子并且我不是村长。"

这两人有一个是村长吗？

25. 什么结论

高级　　难度星级：☆★★★★　　知识点：逻辑矛盾

终于找到智者村的村长了！那人小心翼翼地问出了困扰了他一生的问题："何以有物而非无物？"

村长回答道："有物而非无物。"

那人能得出什么结论呢？

26. 妖怪村子

中级　　难度星级：☆☆★★★　　知识点：先假设，再推理

有一些妖怪村子，村子里除了正常人还有变幻成人形的妖怪，外表是无法区分的。而且妖怪永远说谎，人类永远讲真话。

咦咦啊啊村就是一个妖怪村子。但是更让人感到奇怪的地方是，这个村子里用"咦"和"啊"两个发音来表示肯定和否定，但外人并不知道这两个音到底哪个对应肯定，哪个对应否定。

现在你正好来到这个村子里游玩，遇到一个村民问："'咦'指肯定吗？"他答道："咦。"

你能推出"咦"指什么吗？能推出他是人类还是妖怪吗？

27. 问出答案

高级　　难度星级：☆★★★★　　知识点：发散思维

在上面所说的那个咦咦啊啊村中，据传这个村子里埋有金子，你想知道这究竟是不是真的。当然村民们都是知道到底有没有金子的。你能随便找个村民只问一个问题就知道答案吗？

28. 混合村子

中级　　难度星级：☆☆★★★　　知识点：先假设，再推理

在另一个奇怪的咦咦啊啊村里，村民依然用"咦"和"啊"表示肯定或否定，但也有些村民会直接用"是"和"不"作答。这个村子里的一家人总是同类的，即一家人要么都是人类，要么都是妖怪。

有个案子的 3 个关键证人甲、乙、丙都是这个村子里的村民，警官对这 3 个人进行了询问。

警官问甲："被告无罪吗？"

甲答："咦。"

警官问乙："'咦'指什么？"

乙答："'咦'指肯定。"

警官问丙："甲和乙是一家人吗？"

丙答："不是。"

警官再问丙："被告无罪吗？"

丙答："是。"

被告究竟有没有罪？你能确定甲和乙是不是同一类人吗？

29. 村民怎么回答？

中级　　难度星级：☆☆★★★　　知识点：先假设，再推理

另一个村子也很奇怪，那里的村民有的是人类，有的是妖怪，

还有的是半妖怪。这些半妖怪时而说谎、时而又讲真话。表示肯定和否定的土话仍是"咦"或"啊",但他们有时也直接用"是"和"不"回答问题。

你在那里遇见一个村民,向他提出如下问题:"要是人家问你'咦'是不是指肯定,而你用土语作答,你是答'咦'吗?"

村民答了话,可是你却忘了村民答了什么,你只记得你能从答话推出那个村民是人类、妖怪还是半妖怪。你能推理出那个村民是怎么回答的吗?

30. 最大的宝藏

高级　　难度星级:☆★★★★　　知识点:先假设,再推理

传说在一个村子里埋藏着世界上最大的宝藏,而你正好在一张古老的藏宝图里找到了关键的线索,来到可能埋藏有这份宝藏的村子。

经过仔细的观察,你发现这个村子里的村民有一部分是永远说真话的人类,还有一部分其实是永远说假话的妖怪。但让问题变复杂的是,有部分村民神志不清,凡是真的,他们都认为是假的;凡是假的,他们都认为是真的;剩下的村民则神志清醒。

所以这个村子里的村民其实有 4 种。

A:清醒人。

B:神志不清的人。

C:清醒妖。

D:疯妖。

清醒人说的自然都是真话;神志不清的人说的却都是和事实不符的假话(虽然他自认为是在说真话);同理,清醒妖说的都是假话;疯妖说的都是和事实相符的真话。

有一次你遇见一个村民。他说:"我是人或者我清醒。"

他到底是属于哪一类？

31. 宝藏在这个村子吗

中级　　难度星级：☆☆★★★　　知识点：先假设，再推理

现在你自认为对村里的情况已经大体掌握了，开始想弄清楚宝藏究竟在不在这个村子里。

假设一个村民作了如下的两个陈述。

A："我是人。"

B："如果我是人，那么宝藏在村子里。"

你能确定宝藏在不在村子里吗？

32. 村长家的酒宴

中级　　难度星级：☆☆★★★　　知识点：发散思维

在这个村里逛了一会儿后，你决定去一趟村长家，你觉得村长一定知道更多关于宝藏的信息。

刚踏进村长家院门，你就吃了一惊，原来这里正在举办一场酒宴，很多村民聚集在这里庆祝这个地区的一个节日。你刚想转身离开，一个村民就把你拦了下来，你解释道："我本来想见一下村长的，既然现在村长正忙，我改日再来拜访。"村民解释道："我们这里有个风俗，来到酒宴后，没有主人的允许是不能自己离开的，这样不吉利。"你只好拜托这位村民去和村长说明一下，看能不能允许你离开这个酒宴。村民去了一会儿后回来说道："村长在张罗酒宴，不能亲自来见你，但他说了，既然你是远方来的客人，我们自然是要好好招待你的，就请你一起加入我们的酒宴吧。"没办法，你只好在院子里找了个座位坐下来，决定先好好享受一下这场酒宴，然后再找机会去见村长。

过了一会儿，你发现了一件有趣的事，你所在的这张桌子上所

有的村民都不用"是"和"不"这两个字，而是用"咦"和"啊"，就像咦咦啊啊村一样。这可真让你头疼，这几个村民或人或妖，或清醒或疯癫，而且你还不知道他们的"咦"和"啊"到底是指肯定还是否定！但毕竟你是很聪明的，很快你就想到了一些办法可以确认这些人的身份。

你能只用一个问题就能从这张桌子上的村民口中知道他是不是妖怪吗？别忘了他只会用"咦"和"啊"回答你。

33. 宝藏之所在

高级　　难度星级：★★★★★　　知识点：先假设，再推理

在酒宴上，你查明了村长是一个疯妖，因此他做的每个陈述都是真的，而且宝藏就藏在村长的家里！当酒宴快结束的时候，一个仆人模样的村民过来告诉你村长要见你。你跟着他进了里屋，见到了村长。

"听说你正在寻找宝藏？"村长开门见山地问道。

"是的。"

"传说告诉我们会有一个拥有大智慧的人来取走宝藏，我们已经等你很久了，"村长微笑地看着你说道，"那么，就让我看看你是不是真的有大智慧吧。"

村长又仔细地打量了你一阵子，说道："你在酒宴上向我的客人提的问题都很巧妙，但是还不能证明你拥有大智慧。你每想搞到一个情报，总得单独设计一个问题。可是实际上可以设计出有一个句子 S，它具备某种近乎神奇的性质——不论你想要什么情报，比如你想弄清一个句子 X 是不是真的，你只需要问你那一桌上的任何一个村民'S 当且仅当 X，对吗？'如果你听到他答'咦'，X 就为真；如果你听到他答'啊'，X 就为假。例如说，假使你想查明说话者是不是妖怪，你就问'S 当且仅当你是妖怪，对吗？'假使你想查

明他清醒不清醒，你就问'S当且仅当你清醒，对吗？'为了查明宝藏在不在这个村子里，你可以问'S当且仅当宝藏在村子里，对吗？'依此类推。"

"真有这样的万能句子存在吗？"你好奇心大发。

"如果你真的拥有能拿走宝藏的智慧，这个问题对你来说自然是不难的。"

你苦苦地思索，开动了你所有的脑细胞全力寻找这个万能句子S。过了半小时，村长开口说道："看来你并不是我们等待的那个拥有大智慧的人，你可以离开了。"

就在这时，你灵光一现："等等，我知道了，万能句子S就是……"

当你说出S后，村长哈哈大笑，并把你领进了一间密室，把世界上最大的宝藏交给了你。现在如果有人问起宝藏在不在村里，你可以据实地给以准确的回答："咦。"

34. 盒子里的纸条

中级　　难度星级：☆☆☆★★　　知识点：相反的陈述

有一所学校开了一门逻辑课，期末的时候，教授想了一个有趣的考试来检测学生们的学习情况。

他找了红、黄、蓝3个盒子，在其中一个盒子中放了一张红纸，然后在每个盒子上写了一句话。他把所有的学生叫过来，只要推理出哪个是红纸所在的盒子，就算他通过这门课的期末考试了。

3个盒子上的话如下。

红盒子：红纸在这个盒子里。

黄盒子：红纸不在这个盒子里。

蓝盒子：红纸不在红盒子里。

教授告诉学生，这3个陈述中最多只有一句是真话。学生该选哪个盒子?

35. 纷纷效仿

中级　　难度星级：☆☆★★★　　知识点：排除法

上题那所学校教授的考试方法流传了出去，很多学校的教授觉得这种考试方法很有趣，纷纷效仿。有所学校的教授也找了 3 个盒子，把红纸放在其中一个盒子里，但是每个盒子上写了两句话。

3 个盒子上的话如下。

红盒子：A. 红纸不在这里。

　　　　B. 红纸上画了一幅画。

黄盒子：A. 红纸不在红盒子里。

　　　　B. 红纸上一片空白。

蓝盒子：A. 红纸不在这里。

　　　　B. 红纸其实在黄盒子里。

教授告诉学生：每个盒子上都至少有一句话是真的。红纸藏在哪个盒子里呢?

36. 两个助教

中级　　难度星级：☆☆★★★　　知识点：先假设，再推理

一所学校的教授有男、女两个助教帮他写盒子上的句子，这个教授事先告诉学生：男助教总会写真话，女助教总会写假话。

这个教授也找了 3 个盒子，但是里面放的不是红纸了，而是一张白纸。3 个盒子里只有一个盒子里有白纸，学生只要挑出没有放白纸的那个盒子就算通过。3 个盒子上写的话如下。

红盒子：白纸在这个盒子里。

黄盒子：这个盒子是空的。

蓝盒子：这 3 个盒子上的话最多有一句是男助教写的。

教授什么也没说，学生该选哪个盒子呢？

37. 最聪明的教授

高级　　难度星级：★★★★★　　知识点：无关真假

这个最聪明的教授用了一个很简单的方法来考他的学生。

只有一黄一红两个盒子，其中一个盒子里有教授放的红纸。盖子上写的话如下。

红盒子：红纸不在这里。

黄盒子：这两个盒子上写的话只有一句是真话。

这位教授教的最聪明的一位学生就这么推理开了：如果黄盒子上的陈述为真，这两个陈述中就只有一句真话，这意味着红盒子上的陈述必定假；反之，假定黄盒上的陈述为假，红盒子的话就不能是真话。可见不管黄盒上的陈述是真是假，红盒上的陈述必定为假。所以，红纸必定在红盒里。

于是，那位学生得意扬扬地说道："我知道了，红纸必定在红盒子里！"一面就揭开了盖子。没想到红盒子里竟然空空如也！教授笑了笑，得意扬扬地打开黄盒，红纸原来放在了这里。这是怎么回事呢？是学生的推理出了问题？还是教授故意骗了学生？

就在学生摸不着头脑的时候，教授说话了："看来你的推理没有帮上你的忙，不过我觉得你还是很有潜力的，就算你通过考试了吧。"

你知道这是怎么回事吗？

38. 谁是间谍

中级　　难度星级：☆☆★★★　　知识点：先假设，再推理

国际警察在某飞机场的候机厅发现了3个可疑的人。这3个人中有一个是国际间谍，讲的全是假话；一个是从犯，说起话来真真假假；还有一个是好人，句句话都是真的。在问及他们来自哪里时，

得到如下回答。

甲："我来自 A 国，乙来自 B 国，丙来自 C 国。"

乙："我来自 D 国，丙来自 E 国，甲呀，你要问他，他肯定说他来自 A 国。"

丙："我来自 E 国，甲来自 C 国，乙来自 B 国。"

请问，谁是永远说假话的国际间谍？

39. 男孩吃苹果

中级　　难度星级：☆☆★★★　　知识点：先假设，再排除

4 个男孩手中拿着苹果，每个男孩的苹果的数量各不相同，在 4 个到 7 个之间。然后，4 个男孩都吃掉了 1 个或 2 个苹果，结果剩下的苹果数量还是各不相同。

4 个男孩吃过苹果以后，说了如下的话。其中，吃了 2 个苹果的男孩说了谎话，吃了 1 个苹果的男孩说了实话。

男孩甲："我吃了绿色的苹果。"

男孩乙："男孩甲现在手里有 4 个苹果。"

男孩丙："我和男孩丁共吃了 3 个苹果。"

男孩丁："男孩乙吃了 2 个苹果。男孩丙现在拿着的苹果数量不是 3 个。"

请问最初每个男孩有几个苹果，吃了几个，剩下了几个呢？

第二章

帽子猜颜色

帽子猜颜色，是比较经典又非常有趣的逻辑问题之一。

一个经典的问题原形如下。

有 3 顶红帽子和 2 顶白帽子。现在将其中 3 顶给排成一列纵队的 3 个人，每人戴上 1 顶，每个人都只能看到自己前面的人的帽子颜色，而看不到自己和自己后面的人的帽子颜色。同时，3 个人也不知道剩下的 2 顶帽子的颜色（但他们都知道他们 3 个人的帽子是从 3 顶红帽子、2 顶白帽子中取出的）。

先问站在最后边的人："你知道你戴的帽子是什么颜色吗？"最后边的人回答："不知道。"接着又让中间的人说出自己戴的帽子的颜色。中间的人虽然听到了后边的人的回答，但仍然说不出自己戴的是什么颜色的帽子。

听了他们两个人的回答后，最前面的人没等问，便答出了自己帽子的颜色。

你知道为什么吗？他的帽子又是什么颜色的呢？

类似的帽子猜颜色的问题还有很多，都是由此变形扩展而来的。此类问题可以很好地锻炼我们的逻辑思维能力，尤其是对信息的汇集与整理，这在我们的思维过程中非常重要。此类问题的解题关键在于要弄明白，别人是如何想这个问题的，他回答"不知道"能推导出哪些结论……这类题目的前提是参加游戏的每个人都是足够聪明的。

当然，要想题目有解，还要满足一些特定的条件。

（1）帽子的总数一定要大于人数，否则帽子不够戴。当然，数字也要设置得合理，帽子比人数多得太多，或者队伍里只有一个人，那他是不可能说出帽子颜色的。

（2）有多少种颜色的帽子？每种多少顶？有多少人？这些信息是队列中所有人都事先知道的，而且所有人都知道所有人都知道此事……也就是说，这些信息在这些人当中是公共知识。

（3）剩下的没有戴在大家头上的帽子都被藏起来了，队伍里的人谁都不知道剩下些什么颜色的帽子。

（4）他们的视力都很好，能看到前方任意远的地方，也不存在被谁挡住的问题。而且所有人都不是色盲，可以清楚地分辨颜色。

（5）不能作弊，后面的人不能和前面的人说悄悄话或者打暗号。

（6）他们每个人都足够聪明，逻辑推理能力都是极好的。只要理论上根据逻辑可以推导得出结论，他们就一定能够推导出来。相反，如果他们推不出自己头上帽子的颜色，只会诚实地回答"不知道"，绝不会乱说，或者试图去猜。

举一个通用一点儿的例子：假设现在有 n 顶红帽子，$n-1$ 顶白帽子，n 个人（$n>0$）。

排好队伍、戴好帽子之后，问排在队伍最后面的人，他头上的帽子是什么颜色的？在什么情况下他会回答"知道"？很显然，是当他前面的所有人（$n-1$ 人）都戴着白帽子的时候。因为 $n-1$ 顶白帽子用完了，自己只能是红帽子了。只要前面有至少一个人戴着红帽子，他就无法知道自己头上帽子的颜色。

现在假设最后一个人回答"不知道"，那么我们开始问倒数第二个人。根据最后一个人的回答，倒数第二个人同样可以推理出上面的结论，即包括自己在内的前面所有人至少有一个人戴着红帽子。

如果他看到前面的人戴的都是白帽子，那么很显然，自己戴的必定是红帽子。如果他看到前面仍然至少有一个人戴着红帽子，那么他的回答必定还是"不知道"。

这个推理过程可以一直持续下去。当某一个人（除了最前面的一个）看到前面所有人都戴着白帽子时，他的回答就应该是"知道"了。如果到了第二个人依然回答不知道，那么说明第二个人看到的还是一顶红帽子，此时最前面的人就可以知道自己戴的帽子颜色了。

除了最后一个人，其余每个人的推理都是建立在他后面那些人的推理上的。当我们断定某种颜色的帽子一定在队列中出现，而所有我身后的人都回答不知道，即我身后的所有人都看见了这种颜色的帽子，但我见不到这种颜色的帽子时，那么一定是我戴着这种颜色的帽子。这就是帽子颜色问题的关键！

40. 选择接班人

中级　　难度星级：☆☆☆★★　　知识点：别人怎么想

有个商人想找一个接班人替他经商，他要求这个接班人必须十分聪明才行。最后选出了 A、B 两个候选人，商人为了试一试他们两个中哪一个更聪明一些，就把他们带进一间伸手不见五指的黑房子里。商人打开电灯说："这张桌子上有 5 顶帽子，2 顶是红色的，3 顶是黑色的。现在，我把灯关掉，并把帽子摆的位置搞乱，然后，我们3 个人每人摸一顶帽子戴在头上。当我把灯打开时，请你们尽快说出自己头上戴的帽子是什么颜色。谁先说出来，我就选谁做接班人。"

说完之后，商人就把电灯关掉了，然后，3 个人都摸了一顶帽子戴在头上；同时，商人把余下的 2 顶帽子藏了起来。待这一切做完之后，商人把电灯重新打开。这时候，那两个人看到商人头上戴的是一顶红色的帽子。

过了一会儿，A 喊道："我戴的是黑帽子。"A 是如何推理的？

41. 猜帽子

中级   难度星级：☆☆★★★   知识点：别人怎么想

有 3 顶白帽子和 2 顶红帽子，一个智者让 3 个聪明人甲、乙、丙分别戴一顶，其中 1 个人可以看到其他两个人的帽子，但是看不到自己的，智者让大家说出自己戴的是什么颜色的帽子，过了一会儿没人说，又过了一会儿，还是没人说，这时，大家都知道自己戴什么颜色的帽子了，请问这是为什么？

42. 5 顶帽子

中级   难度星级：☆☆☆★★   知识点：别人怎么想

有 3 顶红帽子和 2 顶白帽子。现在将其中 3 顶给排成一列纵队的 3 个人，每人戴上 1 顶，每个人都只能看到自己前面的人的帽子，而看不到自己和自己后面的人的帽子。同时，3 个人也不知道剩下的 2 顶帽子的颜色（但他们都知道他们 3 个人的帽子是从 3 顶红帽子、2 顶白帽子中取出的）。

先问站在最后边的人："你知道你戴的帽子是什么颜色吗？"最后边的人回答："不知道。"接着又让中间的人说出自己戴的帽子的颜色。中间的人虽然听到了后边的人的回答，但仍然说不出自己戴的是什么颜色的帽子。

听了他们两人的回答后，前面的人没等问，便答出了自己帽子的颜色。你知道为什么吗？他的帽子又是什么颜色的呢？

43. 谁能猜出来

中级   难度星级：☆☆☆★★   知识点：别人怎么想

10 个人站成一列纵队，从 10 顶黄帽子和 9 顶蓝帽子中，取出 10 顶分别给每个人戴上。站在最后的第十个人说："我虽然看见了你们每个人头上的帽子，但仍然不知道自己头上的帽子的颜色。你们呢？"第九个人说："我也不知道。"第八个人说："我也不知道。"第七个、第六个……直到第二个人，依次都说不知道自己头上所戴帽子的颜色。出乎意料的是，第一个人却说："我知道自己头上所戴帽子的颜色了。"

他为什么知道呢？

44. 帽子的颜色

中级　　难度星级：☆☆★★★　　知识点：先假设，再推理

有 3 顶红帽子和 2 顶白帽子放在一起。将其中的 3 顶帽子分别戴在 A、B、C 3 个人头上。这 3 个人每人都只能看见其他两个人头上的帽子，但看不见自己头上戴的帽子，并且也不知道剩余的 2 顶帽子的颜色。问 A："你戴的是什么颜色的帽子？"A 回答说："不知道。"接着，又以同样的问题问 B。B 想了想之后，也回答说："不知道。"最后问 C。C 回答说："我知道我戴的帽子是什么颜色了。"当然，C 是在听了 A、B 两人的回答之后才作出回答的。

试问：C 戴的是什么颜色的帽子？

45. 帽子猜颜色

中级　　难度星级：☆☆★★★　　知识点：逆向思维

现在有 6 顶帽子，其中 3 顶黄色的，2 顶蓝色的，1 顶红色的。甲、乙、丙、丁 4 个人站成一队。甲站在第一个，乙在第二个，丙在第三个，丁在第四个。然后给 4 个人分别戴上帽子。每个人只能看到他前面的人的帽子颜色，而看不到自己和后面人的帽子颜色。

此时，排在最后一位的丁先发话，称不知道自己帽子的颜色；然后丙发话，说不知道自己帽子的颜色；乙发话，也不知道自己帽子的颜色。最后甲想了想说："我知道自己帽子的颜色了。"

请问：甲戴的帽子是什么颜色的？

46. 谁被释放了

中级　　难度星级：☆☆★★★　　知识点：先假设，再推理

有一间牢房，关着 A、B、C 3 个犯人。因为玻璃很厚，所以 3 个人只能互相看见，而听不见对方说话。有一天，国王想了一个办法，给他们每个人头上都戴了一顶帽子，只叫他们知道帽子的颜色不是白的就是黑的，不叫他们知道自己所戴帽子是什么颜色的。在这种情况下，国王宣布两条规定如下。

（1）谁能看到其他两个犯人戴的都是白帽子，就可以释放谁。

（2）谁知道自己戴的是黑帽子，就释放谁。

其实，他们戴的都是黑帽子，但因为被绑，看不见自己罢了。于是他们 3 个人互相盯着不说话。可是不久，较机灵的 A 用推理的方法，认定自己戴的是黑帽子。

请问，他是怎样推断的？

47. 红色的还是白色的

高级　　难度星级：★★★★★　　知识点：公共知识

有一群人围坐在一起，为了便于分析，假定只有 4 个人（这与人数多少无关，可做同样分析）。每个人头戴一顶帽子，帽子有红色和白色两种，每个人看不到自己帽子的颜色，但能看到别人帽子的颜色。因此，此时谁也不能判定出自己头上的帽子的颜色。

为了分析方便，我们假定这 4 个人均戴的是红色的帽子。这时候，一个局外人来到他们的群体当中，对他们说："你们其中至少一位头戴的是红色的帽子。"当他说了这句话后，他问："你们知道你们头上的帽子的颜色吗？" 4 个人都说："不知道。"这个局外人第二次问："你们知道你们头上的帽子的颜色吗？" 4 个人又都说："不知道。"局外人第三次问："你们知道你们头上的帽子的颜色吗？" 4 个

人又说："不知道。"局外人又问第四次："你们知道你们头上的帽子的颜色吗？"这时 4 个人均说："知道了 !"

你知道这是为什么吗？

48. 白色和黑色的纸片

中级　　难度星级：☆☆★★★　　知识点：先假设，再推理

甲、乙、丙、丁、戊 5 个人在玩一个游戏，他们的额头分别贴了一张纸片，纸片分黑色和白色两种。每个人都知道自己头上纸片的颜色，但是看不到自己头上纸片的颜色，却可以看到别人头上纸片的颜色。头上是白色纸片的人开始说真话，头上是黑色纸片的人开始说假话，他们是像下面这样表达的。

甲说："我看到 3 片白色的纸片和一片黑色的纸片。"

乙说："我看到了 4 片黑色的纸片。"

丙说："我看到了至少一片白色的纸片。"

戊说："我看到了 4 片白色的纸片。"

由此，你能推断出丁的额头上贴的是什么颜色的纸片吗？

49. 大赛的冠军

中级　　难度星级：☆☆★★★　　知识点：先假设，再推理

某电视台举办"逻辑能力大赛"，到了决赛阶段，有 3 名参赛者的分数并列第一。冠军只能有一个，主持人决定加赛一题来打破这个均势。

主持人对 3 位选手说："你们 3 位闭上眼睛，然后，我在你们每个人头上戴一顶帽子。帽子的颜色可能是红的，也可能是蓝的。在我叫你们把眼睛睁开以前，都不许把眼睛睁开。"于是主持人在他们的头上各戴了一顶红帽子，然后说："现在请你们把眼睛都睁开吧，假如你看到你们 3 个人中有人戴的是红帽子就举手。"3 个人睁开眼

睛后几乎同时举起了手。主持人接着说："现在谁第一个推断出自己
所戴帽子的颜色，谁就是冠军！"过了一分钟左右，其中一位参赛
者喊道："我知道自己戴的帽子的颜色，它是红色的！"

主持人说："恭喜你，答对了！你就是这次大赛的冠军！"

请问：你知道他是怎样推论出来自己所戴帽子的颜色吗？

50. 聪明的俘虏

初级　　难度星级：☆☆☆☆★　　知识点：唯一的可能

在一座战俘营里，关了11名俘虏，有一天，战俘营的负责人说：
"现在战俘营里人满为患，我们想释放一名俘虏。我会把你们捆在广
场的柱子上，在你们头上系上一条丝巾，如果你们谁能知道自己头
上系的是什么颜色的丝巾，我就释放了谁。如果你们谁也不知道自
己头上的丝巾是什么颜色的，我就让你们都在广场上活活饿死。"11
名俘虏被蒙上眼睛带到广场上，当扯掉他们眼上的黑布时，他们发
现：有一个人被捆在正中间，还被蒙着眼，其他10个人围成一个圈，
由于中间那个人的阻挡，每个人只能看到另外9个人，而这9个人
有的人戴的是红丝巾，有的人戴的是蓝丝巾。战俘营那个负责人说：
"我可以告诉你们，一共有6个人戴红丝巾，5个人戴蓝丝巾。"这
些人还是大眼瞪小眼，没有人敢说自己头上戴的是什么颜色的丝巾。
那个负责人说："如果你们还说不出来的话，我就把你们都饿死。"
这时，中间那个一直被蒙着眼的人说："我猜到了。"

问：中间那个被蒙住眼的俘虏戴的是什么颜色的丝巾？他是怎
么猜到的？

51. 意想不到的老虎

中级　　难度星级：☆☆★★★　　知识点：逻辑悖论

有一个死囚将于第二天被处死，但国王给了他一个活下来的机

会。国王说，明天将会有五扇门让你依次打开，其中一扇门内关着一只老虎，如果你能在老虎被放出来前猜到老虎被关在哪扇门内，就可以免你一死。"但是，"国王强调，"你要记住，老虎在哪扇门内，绝对是你意想不到的。"

死囚为了能够活下来，苦思了很久。他想：如果明天我打开前四扇门后，老虎还没有出来，那么老虎一定在第五扇门后。但国王说这是一只意想不到的老虎，因此老虎一定不在第五扇门后。这样就只剩下前四扇门。再往前推，如果我打开前三扇门，老虎还没有出来，那它一定在第四扇门后。同样因为这是一只意想不到的老虎，所以老虎也不在第四扇门后。这样只可能在前三扇门中。如此再往前推，老虎也不可能在第三扇、第二扇，甚至是第一扇门中。也就是说，门里根本就没有什么老虎！看来国王是想饶自己一命。想通了这一点，死囚安心地睡去了。

第二天，当死囚满怀信心地去一一打开那几扇他自以为的空门时，老虎突然从其中一扇门里（比如第三扇门）跑了出来——国王没有骗他，这确实是一只意想不到的老虎。为什么会这样呢？死囚的推理错了吗？如果错了，又是错在哪一步呢？

52. 盗窃案

高级　　难度星级：★★★★★　　知识点：分情况讨论

一名富翁在美国度假期间邀请了10名机智的故友到他的豪宅去度假，也是想让他们顺便帮自己看几天家。这10个人分为3类，分别是小偷、平民、警察。小偷只能识别平民，平民只能识别警察，而警察识别不了其他人的身份。他们相互间不能揭发身份或自暴身份，但是只有当警察抓住小偷时才能自暴身份。每个小偷一天偷一次。小偷和平民都可以写匿名检举信。如果小偷对同类实行盗窃，被盗的小偷发现物品被偷不会喊叫；如果被偷的是平民，当他发现物品被偷一定会喊叫；如果被盗的是警察，警察会当场抓住小偷。他们分别住在二楼共用一条走廊的10个单人房间里。房门号是房主的姓，每个房间门外右边的墙上各有一个带锁的邮箱。他们每个人都有一把自己邮箱的钥匙。每天早晨6点，报童在10个邮箱里各放一份报纸。

房间示意图，如下表所示。

孔	张	赵	董	王
李	林	徐	许	陈

第一天，早上9点，刚起床的10个人各自在房里看完报纸，中午11点在一楼客厅里相互介绍了自己的名字后便自己做自己的事去了。这一天没有平民的叫喊和警察抓住小偷的声音。

第二天，与第一天一样。一个警察仍然是早上9点起床，并拿出自己邮箱里的报纸回自己的房间了。他一直看着报纸。突然，听见4个人的喊叫声。然后，10个人都集合在走廊上，并相互认识了被盗的4个人。之后，这位警察回到自己的房里，思考案情：自己住在陈号房，而张号、王号、李号和徐号房被盗。

第三天，心里烦躁的警察 6 点就起床去拿报纸。打开邮箱，却发现邮箱里除了一份当天的报纸，还有 5 封匿名检举信。警察赶紧回到房间内把信摊开在桌子上，发现这 5 封信是由 5 个人分别写的。第一封信的内容是：董、许、林、孔。第二封信的内容是：林、董、赵、许。第三封信的内容是：孔、许、赵、董。第四封信的内容是：赵、董、孔、林。第五封信的内容是：许、孔、林、赵。警察思考着，突然，他抓起这 5 封信冲了出去，抓住了正在睡觉的几个小偷。可他们并不承认，当警察拿出证据时，他们就分别说出了自己藏在离豪宅不远的赃物。

如果你就是这个警察，你是如何破解这个迷案的？

53. 抽卡片

中级　　难度星级：☆☆★★★　　知识点：最佳策略

有 24 张卡片，上面分别写着 1 ~ 24 这 24 个数。

有甲、乙二人，按以下规则选取卡片：轮流选取一张卡片，然后在数字前加一个正负号。卡片全部抽完后将这 24 个数相加会得到其和设为 S。

甲先开始，他选取卡片和添加符号的目的是使 S 的绝对值尽量小；乙的目的则和他相反，是使 S 的绝对值尽量大。

假如二人足够聪明，那么最后得到的 S 的绝对值是多少呢？

54. 男孩和女孩

初级　　难度星级：☆☆☆☆★　　知识点：考虑自身因素

幼儿园里，老师组织小朋友们一起游泳。男孩子戴的是天蓝色游泳帽，女孩子戴的是粉红色游泳帽。

有趣的是：在每一个男孩子看来，天蓝色游泳帽与粉红色游泳帽一样多；而在每一个女孩子看来，天蓝色游泳帽是粉红色游泳帽的2倍。

你说说看，男孩子与女孩子各有多少个？

55. 玻璃球游戏

中级　　难度星级：☆☆★★★　　知识点：先假设，再推理

几个男孩在一起玩玻璃球。每个人要先从盒子里拿12个玻璃球。盒子中绿色的玻璃球比蓝色的少，而蓝色的玻璃球又比红色的少。因此，每个人红的要拿得最多，绿的要拿得最少，并且每种颜色的玻璃球都要拿。小明先拿了12个玻璃球，其他的男孩子也都照着做。盒子中只有3种颜色的玻璃球，且数量也刚好够大家拿。

几个男孩子最后把球看了一下，发现拿法全都不一样，而且只有小强有4个蓝色球。

小明对小刚说："我的红球比你的多。"

小刚突然说："咦，我发现我们3个人的绿色球一样多啊！"

"嗯，是啊！"小华附和说，"咦，我怎么掉了一个球！"说着把脚边的一个绿球捡了起来。

几个男孩手里总共有26颗红色的玻璃球。请问这里有多少个男孩？各种颜色的球各有多少个？

56. 养金鱼

中级　　难度星级：☆☆★★★　　知识点：列表法

陈先生非常喜欢养金鱼，他有5个儿子，一年的春节，5个儿子回家来，分别送给陈先生一缸金鱼。巧的是每缸中都有8条金鱼，而且颜色分别为黄、粉、白、红。这4种颜色的金鱼的总数一样多。但是这5缸金鱼看起来却各有特色，每一缸金鱼中不同颜色的金鱼数量都不相同，而且每种颜色的金鱼至少有一条。

5个儿子送的金鱼的情况如下。

大儿子送的金鱼中，黄色的金鱼比其余 3 种颜色的金鱼加起来还要多。

二儿子送的金鱼中，粉色的金鱼比其余任何一种颜色的金鱼都少。

三儿子送的金鱼中，黄色的金鱼和白色的金鱼之和与粉色的金鱼和红色的金鱼之和相等。

四儿子送的金鱼中，白色的金鱼是红色的金鱼的两倍。

小儿子送的金鱼中，红色的金鱼和粉色的金鱼一样多。

请问：每个儿子送的金鱼中，4 种颜色的金鱼各有几条？

57. 6 种颜色

初级　　难度星级：☆☆☆☆★　　知识点：空间思维

一个正方体的 6 个面，每个面的颜色各不相同，并且只能是红、黄、绿、蓝、黑、白这 6 种颜色。如果满足如下条件：

（1）红色的对面是黑色；

（2）蓝色和白色相邻；

（3）黄色和蓝色相邻。

那么下面结论错误的是（　　）

A. 红色与蓝色相邻

B. 蓝色的对面是绿色

C. 黄色与白色相邻

D. 黑色与绿色相邻

58. 汽车的颜色

中级　　难度星级：☆☆★★★　　知识点：先假设，再推理

听说娜娜买了一辆新的跑车，她的 3 个好朋友在一起猜测新车的颜色。

甲说："一定不会是红色的。"

乙说："不是银色的就是黑色的。"

丙说："那一定是黑色的。"

以上3句话，至少有一句是对的，至少有一句是错的。

根据以上提示，你能猜出娜娜买的车是什么颜色的吗？

59. 彩旗的排列

中级　　难度星级：☆☆★★★　　知识点：列表法

路边插着一排彩旗，白色旗子和紫色旗子分别位于两端。红色旗子在黑色旗子的旁边，并且与蓝色旗子之间隔了两面旗子；黄色旗子在蓝色旗子旁边，并且与紫色旗子的距离比与白色旗子之间的距离更近；银色旗子在红色旗子旁边；绿色旗子与蓝色旗子之间隔着4面旗子；黑色旗子在绿色旗子旁边。

（1）银色旗子和红色旗子中，哪面旗子离紫色旗子较近？

（2）哪种颜色的旗子与白色旗子之间隔着两面旗子？

（3）哪种颜色的旗子在紫色旗子旁边？

（4）哪种颜色的旗子位于银色旗子和蓝色旗子之间？

60. 抽屉原理

初级　　难度星级：☆☆☆☆★　　知识点：抽屉原理

有一桶彩球，分为 3 种颜色：黄色、绿色、红色，你闭上眼睛抓取。

请问，至少抓取多少个就可以确定你手上肯定有至少两个同一颜色的彩球？

61. 涂色问题

中级　　难度星级：☆☆★★★　　知识点：树形图

在下面的 1×6 矩形长条中涂上红、黄、蓝 3 种颜色，每种颜色限涂两格，且相邻两格不同色，则不同的涂色方法共有多少种？

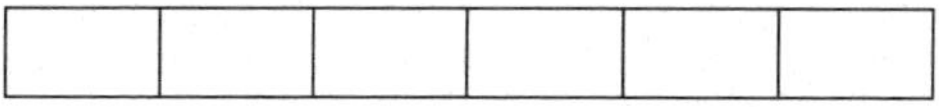

第三章

海盗分宝石

海盗分宝石，又叫海盗分金，是一个经典的经济学模型，也是一个非常经典的逻辑题目，主要体现的是博弈思想。博弈，说得通俗一些就是策略，是指在一件事情中的一个"自始至终、通盘筹划"的可行性方案。

海盗分金的经典原形如下。

5个海盗抢到了100块金子，每一块都一样大小且价值连城。他们决定这么分：抽签决定自己的号码（1、2、3、4、5），然后由1号提出分配方案让大家表决，当且仅当半数或者超过半数的人同意时，按照他的方案进行分配，否则他将被扔进大海喂鲨鱼。如果1号死了，就由2号提出分配方案，然后剩下的4人进行表决，当且仅当半数或者超过半数的人同意时，按照他的方案进行分配，否则将被扔入大海喂鲨鱼。依此类推。每个海盗都是很聪明的人，都能很理智地判断，从而作出选择。那么第一个海盗提出怎样的分配方案才能使自己的收益最大化？

分析所有这类策略游戏的方法就在于应当从结尾出发倒推回去。游戏结束时，你容易知道何种决策有利而何种决策不利。确定了这一点后，你就可以把它用到倒数第二次决策上，如此类推。如果从游戏的开头出发进行分析，那是走不了多远的。其原因在于，所有的战略决策都是要确定：如果我这样做，那么下一个人会怎样做？

因此在你后面的海盗所作的决定对你来说是重要的，而在你之前的海盗所作的决定并不重要，因为你已对这些决定无能为力了。

记住了这一点，就可以知道我们的出发点应当是游戏进行到只剩两个海盗——4号和5号——的时候。这时4号的最佳分配方案是一目了然的：100块金子全归他一人所有，5号海盗什么也得不到。由于4号自己肯定为这个方案投赞成票，这样就占了总数的50%，因此方案获得通过。

现在加上3号海盗。5号海盗知道，如果3号的方案被否决，那么最后将只剩2个海盗，自己肯定一无所获——此外，3号也明白5号了解这一形势。因此，只要3号的分配方案给5号一点儿甜头使他不至于空手而归，那么不论3号提出什么样的分配方案，5号都将投赞成票。因此3号需要分出尽可能少的一点儿金子来贿赂5号海盗，这样就有了下面的分配方案：3号海盗分得99块金子，4号海盗一无所获，5号海盗得1块金子。

2号海盗的策略也差不多。他需要有50%的支持票，因此同3号一样也需再找一人做同党。他可以给同党的最低贿赂是1块金子，他可以用这块金子来收买4号海盗。因为如果自己被否决而3号得以通过，则4号将一文不名。因此，2号的分配方案应是：99块金子归自己，3号一块也得不到，4号得1块金子，5号也是一块也得不到。

1号海盗的策略稍有不同。他需要收买另外两个海盗，因此至少得用2块金子来贿赂，才能使自己的方案得到采纳。他的分配方案应该是：98块金子归自己，1块金子给3号，1块金子给5号。

"海盗分金"其实是一个高度简化和抽象的模型，任何"分配者"想让自己的方案获得通过的关键是事先考虑清楚"挑战者"的分配方案是什么，并用最小的代价获取最大收益，拉拢"挑战者"分配方案中最不得意的人。

在现实生活中，我们每一个人都无法避免处在错综复杂的利害关系和多种矛盾的冲突中，人们为了获得某种结局，往往会制订出一系列的制胜策略：即分析对方可能采取的计划，有针对性地制订出自己的克敌计划，这就是所谓的"知己知彼，百战不殆"的道理，哪一方的策略更胜一筹，哪一方就会取得最终的胜利。

博弈的目的在于巧妙的策略，而不是解法。研究博弈理论，是经济学家们的事。我们学习博弈，不是为了享受博弈分析的过程，而在于赢得更好的结局。把博弈中的精髓拿来为我所用，争取获得每一次竞争和选择的胜利。

62. 海盗分金（加强版）

高级　　难度星级：★★★★★　　知识点：倒推法

10 个海盗抢得了 100 块金子，并打算瓜分这些战利品。他们的习惯是按下面的方式进行分配：最厉害的一个海盗提出分配方案，然后所有的海盗（包括提出方案者本人）就此方案进行表决。如果 50% 或更多的海盗赞同此方案，此方案就获得通过并据此分配战利品。否则提出方案的海盗将被扔到海里，然后由下一个提名最厉害的海盗重复上述过程。

所有的海盗都乐于看到他们的一个同伙被扔进海里，不过，如果让他们选择的话，他们还是宁可得一笔现金。他们当然也不愿意自己被扔到海里。所有的海盗都是理性的，而且知道其他的海盗也是理性的。此外，没有两个海盗是同等厉害的——这些海盗按照完全由上到下的等级排好了座次，并且每个人都清楚自己和其他所有人的等级。这些金块不能再分，也不允许几个海盗共有金块，因为任何海盗都不相信他的同伙会遵守关于共享金块的安排。这是一伙每人都只为自己打算的海盗。

最厉害的一个海盗应当提出什么样的分配方案才能使他获得最多的金子呢？

63. 海盗分金（超级版）

高级　　难度星级：★★★★★　　知识点：倒推法

海盗分金的问题扩大到有 500 个海盗的情形，即 500 个海盗抢得了 100 块金子，并打算瓜分这些战利品。他们的习惯是按下面的方式进行分配：最厉害的一个海盗提出分配方案，然后所有的海盗（包括提出方案者本人）就此方案进行表决。如果 50% 或更多的海盗赞同此方案，此方案就获得通过并据此分配战利品。否则提出方案的海盗将被扔到海里，然后由下一个提名最厉害的海盗重复上述过程。

所有的海盗都乐于看到他们的一个同伙被扔进海里，不过，如果让他们选择的话，他们还是宁可得一笔现金，哪怕再少也比被扔到海里强。所有的海盗都是理性的，而且知道其他的海盗也是理性的。此外，没有两个海盗是同等厉害的——这些海盗按照完全由上到下的等级排好了座次，并且每个人都清楚自己和其他所有人的等级。这些金块不能再分，也不允许几个海盗共有金块，因为任何海盗都不相信他的同伙会遵守关于共享金块的安排。这是一伙每人都只为自己打算的海盗。

最厉害的一个海盗应当提出什么样的分配方案才能使他获得最多的金子呢？

64. 理性的困境

中级　　难度星级：☆☆★★★　　知识点：人的非理性

两人分一笔总量固定的钱，比如 100 元。方法是：一人提出方案,另外一个人表决。如果表决的人同意,那么就按提出的方案来分;如果不同意的话,两人将一无所得。比如 A 提方案,B 表决。如果 A 提的方案是 70 : 30,即 A 得 70 元,B 得 30 元。如果 B 接受,则 A 得 70 元,B 得 30 元;如果 B 不同意,则两人将什么都得不到。

如果叫 A 来分这笔钱,A 会怎样分?

65. 是否交换

高级　　难度星级:☆★★★　　知识点:极端情况

一个综艺节目举行抽奖游戏。他们准备了两个信封,里面有数额不等的钱,交给 A、B 两人。两人事先不知道信封里面钱的数额,只知道每个信封里的钱数为 5、10、20、40、80、160 元中的一个,并且其中一个信封里的钱是另一个信封里的 2 倍。也就是说,若 A 拿到的信封中是 20 元,则 B 信封中或为 10 元,或为 40 元。

A、B 拿到信封后,各自看自己信封中钱的数额,但看不到对方信封中钱的数额。如果现在给他们一个与对方交换的机会,请问,他们如何判断是否交换?

66. 是否改变选择

高级　　难度星级:☆★★★　　知识点:概率

某娱乐节目邀请你去参加一个抽奖活动。有 3 个信封,让你挑选其中一个。主持人告诉你,其中一个信封里装着 10000 元,而另两个信封里面装的都是 100 元钱。当你选中一个之后,主持人把另两个信封打开一个,不是 10000 元。现在,主持人给你一个选择的机会,你要不要换一个信封?难题交给你了,你是换还是不换呢?

67. 纽科姆悖论

高级　　难度星级：☆★★★★　　知识点：悖论

一天，一个从外层空间来的超级生物欧米加在地球着陆。

欧米加搞出一个设备来研究人类的大脑。它可以十分准确地预言每一个人在二者择一时会选择哪一个。

欧米加用两个大箱子检验了很多人。箱子 A 是透明的，总是装着1000 美元；箱子 B 不透明，它要么装着 100 万美元，要么是空的。

欧米加告诉每一个受试者："你有两种选择，一种是你拿走两个箱子，可以获得其中的东西。可是，当我预计你这样做时，我就让箱子 B 空着。你就只能得到 1000 美元。另一种选择是只拿箱子 B。如果我预计你这样做时，我就放进箱子 B 中 100 万美元。你能得到全部款项。"

说完，欧米加就离开了，留下了两个箱子供人选择。

一个男人决定只拿箱子 B。他的理由是——我已看见欧米加尝试了几百次，每次他都预计对了。凡是拿两个箱子的人，只能得到 1000 美元。所以我只拿箱子 B，就会变成百万富翁。

一个女孩决定要拿两个箱子，她的理由是——欧米加已经做完了他的预言，并已离开。箱子不会再变了。如果 B 是空的，那它还是空的；如果它是有钱的，它还是有钱。所以我要拿两个箱子，就可以得到里面所有的钱。

你认为谁的决定更好？两种看法不可能都对，哪一种错了，它为何错了？

68. 聪明的弟子

中级　　难度星级：☆☆★★★　　知识点：分类验证

苏格拉底的 3 个弟子曾向他请教这样一个问题：怎样才能找到理想的伴侣？

苏格拉底并没有正面回答他们，而只是让他们 3 个人走进麦田，从一头出发到另一头，中途只许前进不许后退。期间他们可以摘取一株麦穗，但仅有一次机会。最后比一下谁摘的麦穗最大。田地里的麦穗有大有小，有挺拔光鲜的，也有低矮瘪空的，所以 3 个人必须想好该如何做出自己的选择。

第一个弟子先行。他想：只有一次机会的话，那么一旦看到又大又漂亮的麦穗，我就应该立刻摘取它，这样绝对不会留下遗憾。这样想着，没走几步，这个弟子就发现一株既饱满又漂亮的麦穗，于是兴奋地将其摘到手，心中的得意也无以复加。然而好景不长，当他继续前进时，发现前面有许多比他手中的麦穗更大更漂亮的，但他已经没有机会了，心情转瞬跌到了低谷，只能无奈又遗憾地走完了剩下的路程。

轮到第二个弟子时，因为有第一个弟子的前车之鉴，于是他想：麦田里的麦穗这么多，一开始看见的肯定不是最好的，后面一定有更好的，所以我不能急着摘取，机会只有一次，要谨慎再谨慎。带着这样的想法他也开始了行程。刚开始时，他果然也发现了又大又美丽的麦穗，但他忍住了没摘，他相信后面会看见更好的，于是继续前行。一路上他又发现了不少好的麦穗，他依然没有下手，每一次他都想，后面会有更好的，不能急，要谨慎。就这样直到走到田地尽头他的手中还是空空如也，他已经错过了所有的好的麦穗，然而却已经无法回头了，只好随手摘了一株普通的麦穗。

第三个弟子最为聪明，他看到前两个人惨淡收场，暗暗决定要吸取他们的教训。你知道他是如何做的吗？

69. 少数派游戏

高级　　难度星级：★★★★★　　知识点：收益最大化

这个游戏共有 22 人参加。这 22 个人集中在一个大厅里，参加一个叫作"少数派"的游戏。游戏规则很有意思：每个人手里都有一副牌，游戏组织者会给大家一小时自由讨论时间，然后每个人亮出一张牌。主持人统计红色牌和黑色牌的数量，并规定数量较少的那一方取胜，多数派将全部被淘汰。获胜的选手在一小时后进行新一轮的游戏，依然是少数派胜出。若某次亮牌后双方人数相等，则该轮游戏无效，继续下一轮。游戏一直进行下去，直到最后只剩下一人或两人为止（只剩两人时显然已无法分辨胜负）。所有被淘汰的人都必须缴纳罚金，这些罚金将作为奖金分给获胜者。

这个游戏有很多科学的地方，其中最有趣的地方就是，简单的结盟策略将变得彻底无效。如果游戏是多数人获胜，那你只要能成功说服其中 11 个人和你一起组队（并承诺最后将平分奖金），你们

12 个人便可以保证获胜。但在这里，票数少的那一方才算获胜，这个办法显然就不行了。因此，欺诈和诡辩将成为这个游戏中的最终手段。如果你是这 22 个参赛者中的其中一个，你会怎么做呢？

70. 蜈蚣博弈的悖论

高级　　难度星级：☆★★★★　　知识点：合作与不合作

蜈蚣博弈是由罗森塔尔（Rosenthal）提出的。它是这样一个博弈：两个参与者 A、B 轮流进行策略选择，可供选择的策略有"合作"和"背叛"（"不合作"）两种。假定由 A 先选，然后是 B，接着是 A，如此交替进行。A、B 之间的博弈次数为有限次，比如 10 次。假定这个博弈各自的收益如下图所示：

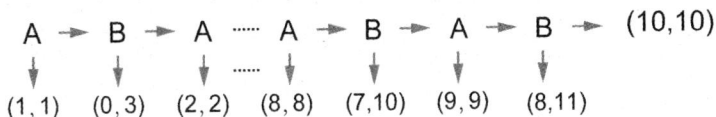

博弈从左到右进行，横向箭头代表合作策略，向下的箭头代表不合作策略。每个人下面对应的括号代表相应的人采取不合作策略，博弈结束后，各自的收益，括号内左边的数字代表 A 的收益，右边代表 B 的收益。

现在的问题是：A、B 会如何进行策略选择？

71. 酒吧问题

高级　　难度星级：☆★★★★　　知识点：混沌现象

酒吧问题，是美国人阿瑟提出的。阿瑟是斯坦福大学经济学系教授，同时是美国著名的圣塔菲研究所研究人员。他不满意经济学中认为的经济主体或行动者的行动是建立在演绎推理的基础之上的，而认为其行动是基于归纳的基础之上的。酒吧问题就是他为了说明这个问题而提出的。

该博弈是说：有一群人，比如总共有 100 人，每个周末均要决定是去酒吧活动还是待在家里。酒吧的容量是有限的，比如空间是有限的或者座位是有限的，如果人去多了，去酒吧的人会感到不舒服，此时，他们留在家里比去酒吧更舒服。我们假定酒吧容量是60 人，或者说座位是 60 个，如果某人预测去酒吧的人数超过 60人，他的决定是不去，反之则去。这 100 人如何做出去还是不去的决策呢？

72. 倒推法博弈

中级　　难度星级：☆☆★★★　　知识点：倒推法

在某座城市假定只有一家房地产开发商 A，我们知道任何没有竞争的垄断都能获得极高的利润，假定 A 此时每年的垄断利润是 10亿元。

现在有另外一家企业 B 准备从事房地产开发。面对着 B 要进入其垄断的行业，A 想：一旦 B 进入，我的利润将受损很多，B 最好不要进入。所以 A 向 B 表示，你进入的话，我将阻挠你进入。假定当 B 进入时 A 阻挠的话，A 的利润降低到 2 亿元，B 的利润是-1 亿元。而如果 A 不阻挠的话，A 的利润是 4 亿元，B 的利润也是4 亿元。

这是房地产开发商之间的博弈问题。A 的最好结局是"B 不进入"，而 B 的最好结局是"进入"而 A"不阻挠"。但是，这两个最好的结局却不能同时得到。那么结果是什么呢？

A 向 B 发出威胁：如果你进入，我将阻挠。而对 B 来说，如果进入，A 真的阻挠的话，他将损失 1 亿元（假定 1 亿元是他的机会成本），当然此时 A 也有损失。对于 B 来说，问题是：A 的威胁可信吗？

73. 将军的困境

中级　　难度星级：☆☆★★★　　知识点：公共知识

两个将军各带领自己的部队埋伏在相距一定距离的两座山上等候敌人。将军 A 得到可靠情报说，敌人刚刚到达，立足未稳，没有防备，如果两股部队一起进攻的话，就能够获得胜利；而如果只有一方进攻的话，进攻方将失败。这是两位将军都知道的。但是将军 A 遇到了一个难题：如何与将军 B 协同进攻？那时没有电话之类的通信工具，而只能通过派情报员来传递消息。将军 A 派遣一个情报员去了将军 B 那里，告诉将军 B：敌人没有防备，两军于黎明一起进攻。然而可能发生的情况是，情报员失踪或者被敌人抓获。即，将军 A 虽然派遣情报员向将军 B 传达"黎明一起进攻"的信息，但他不能确定将军 B 是否收到他的信息。还好情报员顺利回来了，可是将军 A 又陷入了迷茫：将军 B 怎么知道情报员肯定回来了？将军 B 如果不能肯定情报员回来的话，他必定不会贸然进攻的。于是将军 A 又将该情报员派遣到将军 B 处。然而，他不能保证这次情报员肯定到了将军 B 那里……

如果你是这两位将军中的一个，你有什么办法？

74. 抓豆子

高级　　难度星级：★★★★★　　知识点：分类讨论

有 5 个海盗，抢得一份财宝，5 个人一起分的话每个人得到的宝物有限，所以他们决定抽签。首先他们按 1～5 号的顺序在装有100 颗绿豆的麻袋中抓绿豆，每人至少抓一颗，多者不限。但是抓得最多和最少的人将被取消分宝物的资格，而且，他们之间不能交流。但在一个人抓的时候，可以摸出剩下的豆子数。

（1）他们都是很聪明的人。

（2）他们的原则是先求保住自己的资格，再去尽可能多地取消别人分宝物的资格。

（3）100 颗不必都分完。

（4）若有重复的情况，不管是不是最大最小，都一并取消分宝物的资格。

问他们中谁能够分到宝物的概率最大？

75. 报数游戏

中级　　难度星级：☆☆★★★　　知识点：分组

甲、乙两人玩轮流报数游戏。甲先报，第一次只允许报出 2 的 K 次方（K 为自然数，包括 0），然后乙接着报，他也是只允许增加 2 的 K 次方个数（K 为自然数，包括 0），谁报到 3000 谁就赢。

请问这个游戏最终谁将获胜？为什么？

76. 抢报 35 游戏

中级　　难度星级：☆☆★★★　　知识点：分组

晶晶和春春在玩儿一个叫"抢 35"的游戏。游戏规则很简单：两个人轮流报数，第一个人从 1 开始，按顺序报数，他可以只报 1，也可以报 1、2，也可以报 1、2、3，还可以报 1、2、3、4。第二个人接着第一个人报的数再报下去，但最多也只能报 4 个数，而且不能一个数都不报。例如，第一个人报的是 1，第二个人可报 2，也可报 2、3；若第一个人报了 1、2，则第二个人可报 3，也可报 3、4、5、6。接下来仍由第一个人接着报，如此轮流下去，谁先报到 35 谁获胜。

晶晶很大度，每次都让春春先报，但每次都是晶晶获胜。春春觉得其中肯定有猫儿腻，于是坚持要晶晶先报，结果还是晶晶获胜居多。

晶晶有什么必胜策略？

77. 村口的一排树

高级　　难度星级：☆★★★★　　知识点：公共知识

在一个偏僻的山里，有一个村庄。村里有 100 家住户。每家住户都有一个还没有结婚的孩子。

在这个村里已经形成了一个奇特的风俗。孩子的父母如果发现自己的孩子恋爱的话，就要在当天去村口种一棵树为孩子许愿。当然，父母必须有确切的证据来证明自己的孩子恋爱了。由于害羞，孩子不会主动告诉父母自己恋爱了。其他村民发现某家孩子恋爱了也不会告诉那个孩子的父母，但会在村子里相互传递这一信息，因此，一个孩子恋爱后，除了其父母不知道，其他村民都知道。

而事实上是，村子里的这 100 家住户的孩子都恋爱了，但由于村民不会把知道的事实告诉恋爱孩子的父母，因此没有人去村口种树。

村子里有一个辈分很高的老太太，她德高望重，诚实可敬。每个人都向她汇报村里的情况，因此她对村里的情况了如指掌，她知道每个孩子都恋爱了，当然，其他村民不知道她所知道的。

一天，这位老人说了一句很平常的话："你们的孩子当中至少有一个已经恋爱了。"于是，村里发生了这样一件事情：前 99 天，村里风平浪静，但到了第 100 天，所有的父母都去村口种树了。

为什么会这样呢？

78. 损坏的瓷器

高级　　难度星级：☆★★★★　　知识点：囚徒困境

有两个出去旅行的女孩，一个叫"中原一点红"，一个叫"沙漠樱桃"，她们互不认识，各自在景德镇同一个瓷器店购买了一个一模一样的瓷器。当她们下飞机后，提取行李时发现托运的瓷器可能由于运输途中的意外而遭到损坏，她们随即向航空公司提出索赔。但由于物品没有发票等可以证明价格的凭证，于是航空公司内部评估人员估算了价值应该在 1000 元以内。因为航空公司无法切知道该瓷器的价格，于是便分别告诉这两个女孩，让她们把该瓷器当时购买的价格分别写下来，然后告诉航空公司。

航空公司认为，如果这两个女孩都是诚实可信的老实人的话，那么她们写下来的价格应该是一样的。如果不一样的话，则必然有人说谎。而说谎的人总是为了能获得更多的赔偿，所以可以认为申报价格较低的那个女孩应该更加可信，并会采用较低的那个价格作为赔偿金额，此外会给予那个给出更低价格的诚实女孩价值 200 元的奖励。

如果这两个女孩都非常聪明的话，她们最终会写多少钱呢？

79. 分遗产

高级　　难度星级：★★★★★　　知识点：双赢分配

有一对姐弟，父母过世后留下了一些财物，一共 6 件：冰箱、笔记本电脑、洗衣机、打火机、自行车、洗碗机。

他们约定，由姐姐先挑选，但只能拿一样，然后弟弟再拿，也只能拿一样；如此循环。

实际上，姐弟俩对于这 6 样东西的偏好程度有以下不同的排序。

姐姐：1. 冰箱，2. 笔记本电脑，3. 自行车，4. 洗碗机，5. 洗衣机，6. 打火机。

弟弟：1. 笔记本电脑，2. 打火机，3. 洗碗机，4. 自行车，5. 冰箱，6. 洗衣机。

若两人诚实地选择，结果会是什么？（所谓诚实地选择，即指每个人选择时都是从剩下的物品中选择自己认为价值最高的物品。）

如果姐姐做出策略性选择，那结果会是什么？（所谓策略性选择，就是选择那些对方认为价值最高的物品，而同时对方又不会拿走自己认为价值最高的物品。）

80. 抢糖果

中级　　难度星级：☆☆★★★　　知识点：分组

爸爸出差给孩子带回来一包糖果，一共正好有 100 个，爸爸让两个孩子从这堆糖果中轮流拿糖，谁能拿到最后一个糖果谁为胜利者，爸爸会奖励一个神秘的礼物。当然拿糖是有一定条件的：每个人每次拿的糖至少要有 1 个，但最多不能超过 5 个，请问：如果你是弟弟，你先拿，你该拿几个？以后怎么拿就能保证你能得到最后一个糖果呢？

81. 花瓣游戏

中级　　难度星级：☆☆★★★　　知识点：对称

有一个有意思的小游戏，两个人拿着一朵有 13 片花瓣的花，轮流摘去花瓣。一个人一次只可以摘一片或者相邻的两片花瓣，谁摘到最后的那片花瓣谁就是赢家。有一个聪明的小姑娘发现，只要使用一种技巧，就可以在这个游戏中一直获胜。那么，这个获胜的人是先摘的人还是后摘的人？需要用什么方法呢？

82. 猜纸片

高级　　难度星级：☆★★★★　　知识点：概率

有一个人喜欢玩猜纸片，规则是这样的，他拿出 3 张完全相同的纸片，在每张纸片的正反两面分别画上√、√；×、×；√、×。然后他把这 3 张纸片交给一个参与者，参与者偷偷选出一张，放在桌上。如下图所示。他只要看一眼朝上那面，就可以猜出朝下的是什么标记。如果猜对了，就请对方给他 100 元；猜错了，他给对方100 元。

纸片上√和 × 各占总数的一半，也没有其他任何记号，应该对双方都是公平的。你觉得他有优势吗？

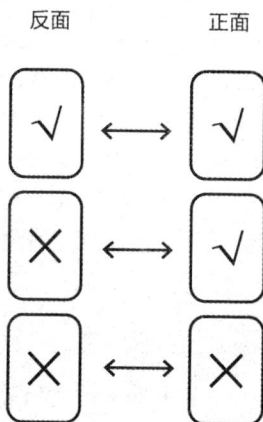

反面　　　　正面

83. 怎样取胜

中级　　难度星级：☆☆★★★　　知识点：**各个击破**

战场上，两军厮杀，到最后只剩下了 4 个人。其中一个人是甲方的将军，他力大无穷，武艺超群。另外 3 个人都是敌方的副将，3个人武艺也都不俗。单打独斗，甲方的将军肯定会获胜，但是以一人之力对战 3 人，却是必死无疑。这时，甲方的将军突然想到了一个好主意，最终他轻松杀死了 3 名敌军副将，取得了胜利。你知道他是怎么做到的吗？

84. 罪犯分汤

初级　　难度星级：☆☆☆☆★　　知识点：**自身利益**

有一座监狱，每间牢房关着 8 名犯人。傍晚时候，狱卒会在每间牢房门口放一桶汤，这就是犯人的晚餐。在一间牢房，最开始，他们每天轮流派一个人分汤。慢慢大家发现，那个分汤的人总会有些偏心，给自己或者关系比较好的朋友多分一些。所以他们决定改变这种方式，另外派一个人监督。刚开始的时候，效果挺好，但过一段时间后，发现监督的人出现受贿问题，分汤的人会给监督者多分一些汤，监督者就不会再管汤分得是否公平。于是他们又决定轮流监督，但是问题依然存在。后来他们决定成立一个3个人的监督小组，汤分得公平了，可是每天为分汤的问题忙得不可开交，等到吃饭的时候汤早就凉了。

　　因为分汤的问题，这间牢房的犯人打了好几次架了，最后，有一个狱卒提出了一个很简单的方法，让他们的汤分得平均起来。其实有的时候，简单才是最有效的。你能想到这种方法吗？

85．逃脱的案犯

高级　　难度星级：☆★★★★　　知识点：几何知识

　　黑猫警长有一个强劲的对手"飞毛腿"，这只老鼠奔跑的速度十分惊人，比黑猫警长还要快，几次它都从黑猫警长眼皮底下逃脱了。一次偶然的机会，警长发现"飞毛腿"在湖里划船游玩，这可是一个很好的机会。这个圆形小湖半径为 R，"飞毛腿"划船的速度只有黑猫警长在岸上速度的四分之一。警长沿着岸边奔跑，想抓住要划船上岸的"飞毛腿"。这次"飞毛腿"还能不能侥幸逃脱呢？

第四章

携物过河

过河问题，也叫过桥问题，是一个非常古老且流传甚广的经典逻辑问题。

一个经典问题原形如下。

一个人带着一匹狼、一只羊和一捆草过河，可是河上没有桥，只有一艘小船。由于船太小，一次只能带一样过河。可是当他不在场的时候，狼会咬羊，羊会吃草。如何做才能使羊不被狼吃，草不被羊吃，而全部渡过小河呢？

答案是这样的：首先人带着羊过河，然后放下羊空手返回，带着狼过河，接着把羊带回去，带草过河，最后返回接羊。这样就可以全部安全过河了。

过河问题还有许多其他形式，所带的物品也各不相同，但相同的是每次携带的数量有限，而且在他不在的时候，留在同一岸边的物品间会存在不相容的关系。如何在满足条件的基础上顺利过河就成了我们处理这类问题的关键。

一般来说，这些携带的物品当中，都会有个中间过渡的物品，只要把这个过渡物品经常随身携带，就可以最大限度减少不相容的情况发生。

这类问题对锻炼我们的协调调度能力，以及生活中的时间和工作安排等方面都有比较大的启发和指导作用。

86. 走独木桥

初级　　难度星级：☆☆☆☆★　　知识点：过渡

一个人带着一只狗、一只猫和一筐鱼过独木桥，由于狗和猫不敢单独过桥，他得抱着它们过去。为了自身的安全，一次只能带一样东西过桥。但是当人不在的时候，狗会咬猫、猫会吃鱼。请问这个人要怎样做才能把这3样东西都带过河？

87. 过河

高级　　难度星级：☆★★★★　　知识点：过渡

两个女儿，两个儿子，一个爸爸，一个妈妈，一个警察，一个罪犯。他们要过一条河，河上只有一条小船，小船每次只能乘坐两个人，其中只有爸爸、妈妈和警察会划船。

而且当妈妈不在的时候，爸爸会打女儿；爸爸不在的时候，妈妈会打儿子；而罪犯只要警察不在谁都会打。

问：他们要怎样才能安全过河？

88. 狼、牛齐过河

中级　　难度星级：☆☆☆★★　　知识点：捆绑

前提：在河的任何一岸，只要狼的个数超过牛的个数，那么牛就会被狼杀死吃掉；而狼的个数等于或者少于牛的个数，则没事。现在有 3 只狼和 3 头牛要过河，只有一艘船，一次只能允许两个动物搭船过河！如何才能让所有动物都安全过河？

89. 动物过河

中级　　难度星级：☆☆★★★　　知识点：过渡

大老虎、小老虎、大狮子、小狮子、大狗熊、小狗熊要过一条河，其中任何一种小动物少了自己同类大动物的保护，都会被别的大动物吃掉。6 个动物之中，只有大老虎、小老虎、大狮子、大狗熊会划船，可现在只有一条船，一次准坐 2 个动物，怎样才能保证 6 个动物顺利到达彼岸而不被吃掉？

90. 过河

中级　　难度星级：☆☆★★★　　知识点：过渡

有 3 对夫妇，要过一条河。河中只有一条小船，每次最多只能载 2 个人。6 个人中只有妻子甲、丈夫乙、妻子丙 3 个人会划船。而且任何一位妻子都不想和除自己丈夫以外的男人单独在一起。

请问该如何安排 6 个人过河？

91. 急中生智

中级　　难度星级：☆☆☆★★　　知识点：发散思维

有个农民挑了一对竹筐，赶集去买东西。当他来到一座独木桥上，对面来了个孩子，他想退回去让孩子先过桥，但是回身一看，后面也来了个孩子。正在进退两难之际，农民急中生智，想了个巧办法，使大家都顺利地通过了独木桥，而且 3 人之中谁也没有后退一步。

问：农民用的是什么方法？

92. 摆渡

初级　　难度星级：☆☆☆☆★　　知识点：固有思维

有 12 个人要过河，河边只有一条能够载 3 个人的小船。请问，这 12 个人都过河，需要渡几次？

93. 巧过关卡

中级　　难度星级：☆☆★★★　　知识点：统筹

战争期间，6 岁的乔安娜一家人想要逃出城外，她爸爸托人拿到了一张通行证。一家 4 口来到了位于城外独木桥上的一个关卡，上面贴了告示，规定：一个通行证最多可以带两人出入，但不记名也可重复使用。爸爸算了一下：爸爸单独走过独木桥需要 2 分钟，妈妈需要 4 分钟，乔安娜需要 8 分钟，奶奶需要 10 分钟。每次两个人出关卡，还需要有人把通行证拿回来。但是还有 24 分钟，城里的追兵就要追上来了。他们能逃脱吗？

94. 错车

高级　　难度星级：☆★★★★　　知识点：逻辑思维

有两列火车，都是一个车头，带着 40 节车厢。它们从相对的两个方向同时进入一个车站。这个车站很小，只有一条车道，还有一条不长的岔道，可以停一个车头和 20 节车厢。现在为了让两列火车都可以按原方向向前行驶，需要利用这个岔道错车。你知道该怎么做才能把这两辆车错开吗？（火车各节车厢之间可以打开，但必须有车头牵引才能移动。）

95. 环岛旅行

中级　　难度星级：☆☆★★★　　知识点：整体思维

大富豪陈伯买了一座小岛，他在岛上建了一座码头，并买了两艘一样的游艇，想乘坐它们环岛旅行。可是这种游艇比较费油，它能携带的燃料只够小艇航行120千米，而陈伯的小岛周长是200千米。陈伯想用两艘小艇相互加燃料的方法环岛旅行，请问他该怎么做呢？（最后游艇必须返回码头。）

96. 连通装置

中级　　难度星级：☆☆★★★　　知识点：顺序

如下面图所示，这是一个相互用导管连通的装置，这个装置共有5个水槽，其中4个装有4种不同的液体，分别是酒、油、水、奶，还有一个水槽空着。水槽之间有一些导管相连，可以打开和关闭。现在需要把4种液体换一下位置，使A、B、C、D槽中分别是奶、水、油、酒。请问该如何做？

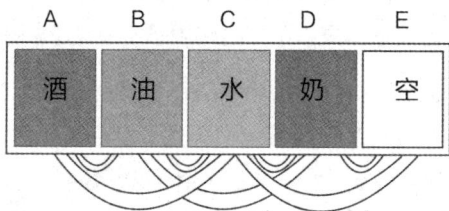

97. 小明搬家

中级　　难度星级：☆☆★★★　　知识点：顺序

小明家有6个房间，分别放着办公桌、床、酒柜、书架和钢琴，如下图所示。小明想把钢琴和书架换个位置，但是房间太小，任何一个房间都无法放入两个家具。只有利用那个空房间才能把这些家具移动位置。请问，小明最少需要几次才能把钢琴和书架的位置调换呢？

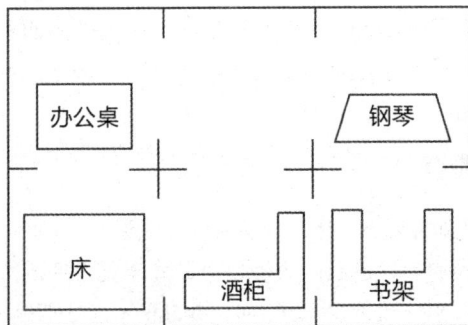

98. 关卡征税

中级　　难度星级：☆☆☆★★　　知识点：倒推法

有一个商人从巴黎运苹果到柏林去卖，刚刚离开巴黎的时候，他用一辆马车拉着这些苹果。不一会儿到了一个关卡，征税官对他说："现在德法两国正在打仗，税收比较高，需要征纳所有苹果的 $\frac{2}{3}$。"商人无奈，只好按规定给了足够的苹果数。交完税之后，纳税官又从商人剩下的苹果中拿了一斤，放到了自己的腰包。

商人很生气，但是又无可奈何，只好接着往前走。没走多远，又到了一个关卡，同样这个关卡的人又从他的车上拿了 $\frac{2}{3}$ 的苹果，外加一斤。之后，商人又经过了 3 个关卡，缴纳了同样的税收和每个征税官一斤的苹果。终于到了柏林，商人把自己的遭遇告诉妻子，并把最后一斤苹果给了她。

你能帮商人的妻子算算，商人从巴黎出发时，车上有多少斤苹果吗？

99. 逃避关税

中级　　难度星级：☆☆★★★　　知识点：发散思维

美国海关已有数百年的历史，蓄谋逃避海关管理条例，简直比登天还难。但有个进口商却明知山有虎，偏向虎山行。

在当时，进口法国女式皮手套得缴纳高额进口税，因此，这种手套在美国的售价格外昂贵。那个进口商跑到法国，买下了一万副最昂贵的皮手套。随后，他仔细地把每副手套都一分为二，将其中一万只左手套发运到美国。

进口商一直不去提取这批货物。他让货物留在海关，直到过了提货期限。凡遇到这种情况，海关得将此作为无主货物拍卖处理。于是，这一万只左手套全都被拿出来拍卖了。

由于一整批左手套毫无价值，这桩生意的投标人只有一个，就是那位进口商的代理人。他只出了一笔微不足道的钱就把它们全部买了下来。

这时，海关当局意识到了其中有蹊跷。他们告知下属：务必严加注意，一定还会有一批右手套运到，一定要将其扣押。

请问进口商该用什么办法才能运送剩余的1万只右手套呢？

100. 哪种方式更快

中级　　难度星级：☆☆★★★　　知识点：忽略过程

有个母亲想要进城看正在读书的儿子，她知道每天有一辆公共汽车会经过自己住的村子进城。她发现自己有下面几种选择：早上起来迎着公共汽车来的方向走，遇到公共汽车坐上去；在村口一直等公共汽车到来；往城里的方向走，公共汽车追上她的时候她就坐上。这3种方法中的哪一种可以更快到城里呢？

101. 搭桥

中级　　难度星级：☆☆★★★　　知识点：几何知识

小明家门前有一条小河，转弯处呈直角，河宽3米，小明想要去河的对面，但是家里只有两块正好也是3米长的木板，小明手中又没有其他工具可以将两块木板接起来。小明怎么才能过这条河呢？

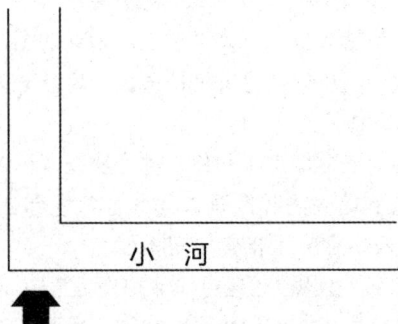

小　河

102. 过河

中级　　难度星级：☆☆★★★　　知识点：杠杆原理

一条河上没有桥，也没有渡船。一个大人带着一块长4.9米的木板想从河的A岸到达B岸，一个孩子带着一块长5.1米的木板想从河的B岸到达A岸。而河的宽度是5米，大人的木板不够长，孩子的力气小无法把整块木板伸过河搭到对岸。请问，用什么办法才能让两个人都平安过河呢？

103. 小孩过河

中级　　难度星级：☆☆☆★★　　知识点：发散思维

在北方的一个小镇上，有个5岁的小男孩，在儿童节这天，想去一条 2 米宽的河对岸的同学家玩，可是河上没有桥，小孩又跳不过去。也就是说，凭他自己的力量是不可能过去的。可是为什么才仅仅过了几个月，他就能轻轻松松地过河了呢？

104．不会游泳

中级　　难度星级：☆☆★★★　　知识点：逆向思维

有一个人想渡河，他看到河边有很多船夫等着，就问："在你们中，哪位会游泳？"

船老大围上来，纷纷抢着回答道："我会游泳，客官坐我的船吧！""我水性最好，坐我的船最安全了！"

其中只有一位船老大没有过来，只站在一旁看着。要过河的那个人就走过去问："你会游泳吗？"

那个船老大不好意思地答道："对不起客官，我不会游泳。"

谁知要过河的那个人却高兴地说道："那正好，我就坐你的船！"

其他船老大非常不满，就问："他不会游泳，万一船翻了，不就没人能救你了吗？"

你知道渡河的人是怎么说的吗？

105．桥的承受能力

中级　　难度星级：☆☆★★★　　知识点：牛顿第三定律

一名杂技演员去表演节目，路上要经过一座小桥。小桥只能承受 100 千克的重量。而杂技演员的体重为 80 千克，他还带着 3 个各重 10 千克的铁球。总重量明显比桥的承受能力要高，该怎么办呢？杂技演员灵机一动，想出了一个好办法。他把 3 个球轮流抛向空中，这样每时每刻总有一个球在空中，那么他就可以顺利过桥了。请问如果这样做的话，桥能支撑得住吗？

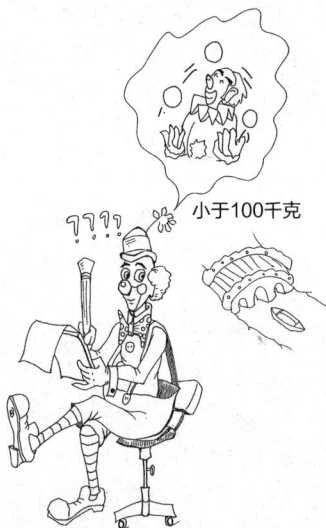

小于100千克

106. 牧童的计谋

初级   难度星级：☆☆☆☆★   知识点：发散思维

有一个农夫，想要自己盖一幢房子，就到远处拉石料，他赶了一辆牛车。他知道自己的体重是150斤，这头牛大概有800斤，车子有100斤，路上要经过一座桥，桥头立着一块儿石碑，上面醒目地写着：这座桥的最大载重量是1300斤。去的时候他并没有在意，虽然车子经过时，桥有点儿颤颤巍巍的。回程时，他拉了500斤的石料，走到桥头，却犯了难，如果就这样过去的话，桥一定会被压塌。到底怎么办呢？就在他一筹莫展的时候，过路的一个牧童给他出了个主意。按照牧童的想法，牛车竟然很快就过了这座桥，石料也安全地运到了家。

请问，牧童是如何让牛车和石料顺利通过桥梁的呢？

107. 如何通过（1）

中级　　难度星级：☆☆☆★★　　知识点：发散思维

一艘船顺流而下，在要通过一个桥洞时，发现货物比桥洞高出约1厘米，需要卸掉一些货物才能通过。无奈货物是整装的，一时无法卸下。有什么办法能够不卸货物，使船通过呢？

108. 如何通过（2）

中级　　难度星级：☆☆★★★　　知识点：发散思维

有辆卡车，堆装着很高的货物，当要从一座铁路桥下面通过时，发现货物高出桥洞1厘米，卡车无法通过。卸货卸下重装很费事，你给想想办法，应该怎样才能顺利通过呢？

第五章

燃绳计时

燃绳计时问题，就是通过燃烧若干根有固定燃烧时间的不均匀绳子来计算时间的问题。这种问题主要考察我们在面对常规方法无法解决的问题时，该怎样变换思路，找出问题的实质，从而运用创新的方法来解决问题。

计时问题的经典形式如下。

一根粗细不均匀的绳子，把它的一端点燃，烧完正好需要1小时。现在你需要在不看表的情况下，仅借助这根绳子和火柴测量出半小时的时间。

你可能认为这很容易，只要将绳子对折，在绳子中间的位置做个标记，然后测量出这根绳子燃烧到标记处所用的时间就行了。但不幸的是，这根绳子并不是均匀的，有些地方比较粗，有些地方却很细，因此这根绳子在不同地方的燃烧时间是不同的。全部细的地方也许烧完才用10分钟，而全部粗的地方烧完却需要50分钟。

那么我们应该怎么办？

其实很简单，我们就需要利用创新的方法来解决这个问题了，即从绳子的两头同时点火。这样绳子燃烧完所用的时间肯定是30分钟。

计时问题的扩展形式也有很多，比如确定15分钟、45分钟、1小时15分钟等。其实我们仔细观察题目，你会发现，这个问题的实质竟然是很早我们就学过的距离、速度、时间问题。

假设绳子的两个端点分别为 A 和 B，从 A 点走到 B 点所需的时间是 1 小时。现在有两个人，同时从 A 点和 B 点开始向中间走，经过时间 t 后在它们之间的某个点 O 处相遇。

我们发现，它竟然和我们非常熟悉的两辆不同速度的车相向行驶的关于 s、v、t 之间的问题非常相似！

看清楚了这个问题的实质，再遇到类似的问题，我们只要把它变换成相向行驶的问题即可很快找出答案了。

109. 确定时间

中级　　难度星级：☆☆★★★　　知识点：发散思维

烧一根不均匀的香，从头烧到尾总共需要 1 小时。现在有若干根材质相同的香，问如何用烧香的方法来计时 1 小时 15 分钟？

110. 如何确定 7 分钟

中级　　难度星级：☆☆★★★　　知识点：发散思维

有若干条长短、粗细相同的绳子，如果从一端点火，每根绳子正好 8 分钟燃尽。现在用这些绳子计时，比如：在一根绳子两端同时点火，绳子燃尽用 4 分钟；在一根绳子的一端点火，燃尽的同时点燃第二根绳子的一端，可计时 16 分钟。

规则如下。

（1）计一个时间，最多可使用 3 根绳子。

（2）只能在绳子端部点火。

（3）可同时在几个端部点火。

（4）点的火中途不灭。

（5）不许剪断绳子，或将绳子折起。

根据上述规则，可否计时 7 分钟？

111. 沙漏计时间

中级　　难度星级：☆☆★★★　　知识点：发散思维

如果你有一个 4 分钟的沙漏计时器和一个 3 分钟的沙漏计时器，你能确定出 1 分钟、2 分钟、5 分钟、6 分钟的时间吗？

112. 沙漏计时

中级　　难度星级：☆☆★★★　　知识点：发散思维

现在有一个 10 分钟的沙漏，还有一个 7 分钟的沙漏，如何用这两个沙漏计时 18 分钟？你知道怎么做吗？

113. 钟表慢几分钟

中级　　难度星级：☆☆☆★★　　知识点：相对时间

把每小时慢 10 分钟的表在 12 点时校对了时间。当这个表再次指向 12 点时，标准时间是多少？

114. 新手表

中级　　难度星级：☆☆★★★　　知识点：混淆概念

婧婧买了一块新手表。她与家中的挂钟的时间作了一个对照，发现新手表每天比挂钟慢 3 分钟。她又将挂钟与电视上的标准时间作了一个对照，刚好挂钟每天比电视快 3 分钟。于是，她认为新手表的时间是标准的。下面几个对婧婧推断的评价中，哪一个是正确的？

A. 由于新手表比挂钟慢 3 分钟，而挂钟又比标准时间快 3 分钟，所以，婧婧的推断是正确的，她的手表上的时间是标准的

B. 新手表当然是标准的，因此，婧婧的推断也是正确的

C. 婧婧不应该拿她的手表与挂钟对照，而应该直接与电视上的标准时间对照。所以，婧婧的推断是错误的

D. 婧婧的新手表比挂钟慢 3 分钟，是不标准的 3 分钟；而挂

钟比标准时间快3分钟，是标准的3分钟。这两种"3分钟"不是一样的，因此，婧婧的推断是错误的

E. 无法判断婧婧的推断正确与否

115. 调时钟

初级　　难度星级：☆☆☆☆★　　知识点：间隔

城市的正中央有一座大钟，每到整点时会敲响报时，比如1点会敲一下，12点会敲12下，而相邻两次的钟声间隔时间为5秒钟。这天晚上12点，住在大钟旁边的小丽，想要根据大钟的声音调自己家的时钟，她数着大钟的响声，当敲到第12下的时候，她把自己家的时钟准时调到12点01分。请问她家时钟的时间是正确的吗？

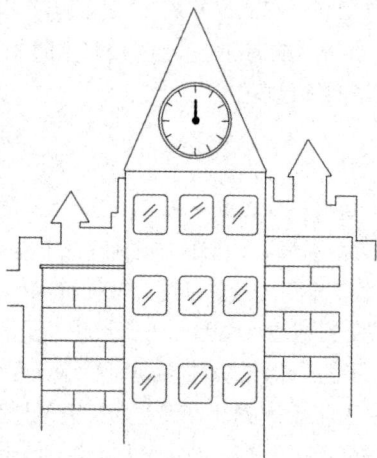

116. 奇怪的大钟

中级　　难度星级：☆☆☆★★　　知识点：数码显示

从我住处的窗口往外看，可以看到镇上的大钟。每天，我都要

将自己的闹钟按照大钟上显示的时间校对一遍。通常情况下，两个钟上的时间是一样的，但有一天早上，发生了一件奇怪的事情：我的闹钟显示为差 5 分钟到 9 点；1 分钟后显示为差 4 分钟到 9 点；但再过 2 分钟时，仍显示为差 4 分钟到 9 点；又过了 1 分钟，闹钟则显示为差 5 分钟到 9 点。

一直到了 9 点钟，我才突然醒悟过来，到底是哪里出了错。你知道是什么原因吗？

117. 公交路线

中级　　难度星级：☆☆☆★★　　知识点：计算

某市有两个火车站，分别是东站和西站。两个火车站之间有一条公交线路，每天以相同的时间间隔分别向另一车站发车。一天，小明从东站坐车前往西站，他发现路上每隔 3 分钟就能看到一辆从西站发往东站的公交车。假设每一辆公交车的速度都相同，你知道这条公交路线每隔多长时间会发出一辆车吗？

118. 接领导

中级　　难度星级：☆☆★★★　　知识点：计算

一位领导到北京开会，会议的主办方派司机去火车站接站。本来司机算好了时间，可以与那列火车同时到达火车站。但是不巧的是，领导改变了时间，坐了前一趟火车到了北京。而司机还是按照预计时间出发的。领导一个人在车站等着也无事可做，就打了一辆出租车往会场赶，并通知了司机。出租车开了半小时，出租车和司机在路上相遇了。领导上了司机的车，一刻也不耽误地赶到了会场，结果比预计时间早到了 20 分钟。

请问，领导坐的车比预计的车早到了多长时间？

119. 两支蜡烛

中级　　难度星级：☆☆★★★　　知识点：计算

房间里的电灯突然熄灭了——停电了，可我的作业还没有写完，于是我点燃了书桌里备用的两支新蜡烛，在蜡烛光下继续写作业，直到电又来了。

第二天，我想知道昨晚停了多长时间电。但是当时我没有注意停电和来电时的具体时间，而且我也不知道蜡烛的原始长度。我只记得那两支蜡烛是一样长的，但粗细不同，其中粗的一支燃尽需要5小时，细的一支燃尽需要4小时。两支蜡烛是一起点燃的，剩下的残烛都很小了，其中一支残烛的长度等于另一支残烛的4倍。

请你根据上述资料，算出昨天停电的时间有多长。

120. 正确时间

中级　　难度星级：☆☆★★★　　知识点：计算

早晨列队检查时，警长问身边的秘书现在几点了。精通数学的秘书回答道："从午夜到现在这段时间的四分之一，加上从现在到午夜这段时间的一半，就是现在的确切时间。"你能算出这段对话发生的时间吗？

> 从午夜到现在这段时间的四分之一，加上从现在到午夜这段时间的一半，就是现在的确切时间。

121. 几点到达

高级　　难度星级：☆★★★　　知识点：计算

某副市长乘坐飞机去广州参加一个学术会议。他怕耽误了开会时间，就问飞机上的空姐："飞机什么时候到达广州？"

"明天早晨。"空姐答道。

"早晨几点呢？"

空姐看副市长一副学者派头，有意试试他："我们准时到达广州时，时钟显示的时间将很特别——时针和分针都将指在分针的刻度线上，两针的距离是 13 分或者 26 分。现在你能算出我们几点到吗？"

副市长想了一会儿，又问道："我们到达时是在 4 点前还是 4 点后呢？"

空姐笑了一下："我如果告诉你这个，你当然就知道了。"

副市长回之一笑："你不说我也知道了，这下我就可以放心了。"

请问，这架飞机到底几点几分到达广州？

122. 惨案发生在什么时间

初级　　难度星级：☆☆☆☆★　　知识点：计算

一天晚上，邻居听到一声惨烈的尖叫。早上醒来发现，原来昨晚的尖叫是受害者最后一次发出的声音。负责调查的警察向邻居们了解案件发生的确切时间。一位邻居说是12：08分，另一位老太太说是11：40分，对面杂货店的老板说他清楚地记得是12：15分，还有一位绅士说是11：53分。但这4个人的表都不准确，在这些手表里，一个慢25分钟，一个快10分钟，还有一个快3分钟，最后一个慢12分钟。你能帮警察确定作案时间吗？

123. 避暑山庄

中级　　难度星级：☆☆★★★　　知识点：计算

甲、乙、丙和丁4个人分别在上个月不同时间入住到避暑山庄，又在不同的时间分别退了房。现在只知道如下信息。

（1）滞留时间（比如从7日入住，8日离开，滞留时间为2天）最短的是甲，最长的是丁。乙和丙滞留的时间相同。

（2）丁不是8日离开的。

（3）丁入住的那天，丙已经住在那里了。

入住时间分别是：1日、2日、3日、4日。

离开时间分别是：5日、6日、7日、8日。

根据以上条件，你知道他们4个人分别的入住时间和离开时间吗？

124. 相识纪念日

中级　　难度星级：☆☆★★★　　知识点：计算

汤姆和杰丽是一对情侣，他们是在一家健身俱乐部首次相遇并相互认识的。一天，杰丽问汤姆他们相识的纪念日是哪一天，可汤姆并没有记住确切的日期，他只知道以下这些信息。

（1）汤姆是在一月的第一个星期一开始去健身俱乐部的。此后，汤姆每隔4天（即第五天）去一次；

（2）杰丽是在一月的第一个星期二开始去健身俱乐部的。此后，杰丽每隔3天（即第四天）去一次；

（3）在一月的31天中，只有一天汤姆和杰丽都去了健身俱乐部，正是那一天他们首次相遇。

你能帮助汤姆算出他们的相识纪念日是一月的哪一天吗？

125. 出差补助

中级　　难度星级：☆☆★★★　　知识点：计算

一家公司给员工发出差补助比较奇怪，是按照员工出差到达目的地的日期计算补助的。比如，一名员工8号出差去外地，那么他这次出差能够领到的出差补助就是 8 元。8 月的时候，一名员工出差。他 4 号星期六出差到达北京，然后又相继出差 4 次，即在接下来的 4 个星期中，每个星期出差一次。到达目的地的具体时间他不记得了，只知道有一次是星期三，一次星期四，两次星期五。你能根据这些资料，算出这名员工这个月可能领到多少出差补助吗？

126. 有问题的钟

中级　　难度星级：☆☆★★★　　知识点：计算

从前有一位老钟表匠，为火车站修理一座大钟。由于年老眼花，他不小心把长短针装反了。修完的时候是上午 6 点，他把短针指在 "6" 上，长针指在 "12" 上，钟表匠就回家去了。人们看这钟一会儿 7 点，过了不一会儿就 8 点了，都很奇怪，立刻去找老钟表匠。等老钟表匠赶到，已经是晚上 7 点多钟了。他掏出怀表一对，钟准确无误，怀疑大家是有意捉弄他，一生气就回去了。这钟还是 8 点、9 点地跑，人们又去找钟表匠，这时老钟表匠已经休息了。第二天早晨 8 点多，老钟表匠赶过去用怀表一对，时间仍旧准确无误。

请你想一想，老钟表匠第一次对表的时候是 7 点几分？第二次对表又是 8 点几分？

127. 数字时钟

中级　　难度星级：☆☆★★★　　知识点：计算

大家都知道，数字时钟是由 3 个数字来表示时、分、秒的。一般用 hh：mm：ss 来表示。那么请问从 12 点到 23 点 59 分 59 秒这段时间内，时、分、秒 3 个数字相同的情况会出现几次？分别是什么时候？

128. 奇怪的时间

中级　　难度星级：☆☆★★★　　知识点：地理知识

在我们生活的地球上，有这样的一个地方，在这里，无论我们把钟表调成几点几分，都是正确的时间。请问这个地方在哪里？

129. 有意思的钟

中级　　难度星级：☆☆☆★★　　知识点：发散思维

爷爷有两面钟，一面钟两年只准一次，而另一面钟每天准两次，爷爷问小明想要哪面？如果你是小明，你会选哪面呢？当然，钟是用来看时间的。

130. 没有工作

高级　　难度星级：☆★★★★　　知识点：重复计算

小王辛苦工作了一年，到了年底，找老板要年底奖金。老板说："你基本上都在忙自己的事，根本没有为我工作几天，怎么能要奖金呢？"小王不服气，就问老板自己每天都忙什么了。老板给他列了个表：

（1）睡觉（每天8小时），合122天；

（2）双休日2×52=104天；

（3）吃饭（每天3小时），合45天；

（4）娱乐（每天2小时），合30天；

（5）公司年假，15天；

（6）每天中午休息2小时，合31天；

（7）你今年请了5天事假，10天病假。

总计：122+104+45+30+15+31+5+10=362天。

这样，一年中只有3天的时间上班，所以根本没有时间工作。

小王看了，觉得这样计算也有道理。实际上，老板做了手脚。你能发现其中的问题吗？

131. 时间

中级　　难度星级：☆☆★★★　　知识点：几何知识

在干旱地区非常缺水，人们都用水桶接雨水用。没风的时候，雨点竖直落下，用 30 分钟可以接满一桶水。一次下雨时，刮起了大风，雨水下落时偏斜 30°，如果这次雨量的大小不变，那么需要多长时间可以接满一桶水呢？

132. 统筹安排

中级　　难度星级：☆☆★★★　　知识点：统筹

小于想在客人来之前做一道红烧鱼。

做红烧鱼需要这些步骤：洗鱼要 5 分钟；切生姜片要 2 分钟；

拌生姜、酱油、酒等调料要 2 分钟；把锅烧热要 1 分钟；把油烧热要 1 分钟；煎鱼要 10 分钟。这些加起来要 21 分钟，可是客人 20 分钟后就要来了。

这该怎么办呢？

133. 煎鸡蛋的时间

中级　　难度星级：☆☆★★★　　知识点：时间安排

明明家有一个煎鸡蛋的小锅，每次可以同时煎两个鸡蛋，每个鸡蛋必须要把正反两面都煎熟。我们已经知道把鸡蛋的一面煎熟需要 2 分钟。有一天，明明和爸爸的对话如下。

爸爸："煎熟一个鸡蛋最短需要几分钟？"

明明："正反面都需要煎熟，所以需要 4 分钟。"

爸爸："煎熟两个鸡蛋呢？"

明明："我们的锅可以同时煎两个，所以还是最少需要 4 分钟。"

爸爸："那 3 个呢？"

明明："8 分钟啊，前 4 分钟煎好前两个，再用 4 分钟煎第三个。"

但是爸爸说不对，可以用更少的时间就能煎好 3 个鸡蛋。你能想明白煎 3 个鸡蛋最少需要几分钟吗？

134. 什么时候去欢乐谷

中级　　难度星级：☆☆★★★　　知识点：时间

晚上 10 点，家住北京的明明，看着外面的滂沱大雨，对爸爸说："如果明天天晴了，你带我去欢乐谷玩吧。"爸爸说："明后两天我都要加班。这样吧，如果再过 72 小时，天上出太阳了，我就带你去好不好？"

他们会去欢乐谷玩吗？

135. 出租车司机

中级　　难度星级：☆☆★★★　　知识点：概率

有个出租车司机喜欢到火车站去接刚来这个城市的客人。该城市与 A、B 两座城市都开通了城际列车，这个火车站也主要是接送城际旅客。A、B 两座城市的列车都是每 1 小时到达一趟。唯一不同的是，A 城市的列车首班车是 6 点 30 分到达，B 城市的列车首班车是 6 点 40 分到达。一个月下来，这个司机发现他接的 A 城市的客人明显比 B 城市的多得多。你知道这是为什么吗？

第六章

坏球称重

称重问题，又叫称球问题，也是非常经典又有趣的逻辑问题之一。这个经典问题的原形如下。

一个钢球厂生产钢球，其中一批货物中出现了一点儿差错，使得8个球中，有一个略微重一些。找出这个重球的唯一方法是将球放在天平上对比。请问最少要称多少次才能找出这个较重的球？

答案是两次。

首先，把8个球分成3、3、2三组，把一组的3个球和另一组的3个球分别放在天平的两端。如果天平平衡，那么把剩下的两个球放在天平上，天平向哪边倾斜，那个球就是略重的；如果天平偏向一方，就把重的那一方的3个球中的两个放在天平上，这时如果天平倾斜，倾斜的就是重的球；不倾斜，剩下的那个球就是要找的。

称重问题还有很多扩展形式，比如增加球的数量，或者不告诉坏球比正常球是轻还是重等。我们发现，如果球的数量增加至9～13个，且不确定坏球的轻重，那么我们只称两次是不可能保证找到坏球的。球的数量越多，相应需要的次数和复杂程度就越大。

当然，如果有超过两个球，我们知道坏球是"独一无二"的那一个，就总能找出来；但是如果只有两个球，一个好球一个坏球，都是"独一无二"的，那我们是无论如何也不可能知道哪个是好的、哪个是坏的。

136. 巧辨坏球

高级　　难度星级：★★★★★　　知识点：列表法

有 12 个球和 1 个天平，现知道只有 1 个球和其他的重量不同，但并不知道这个球比其他的球轻还是重。

怎样称才能称 3 次就找到那个球？

137. 称量水果

高级　　难度星级：☆★★★★　　知识点：编码

在果园工作的送货员 A，给一家罐头加工厂送了 10 箱桃子。每个桃子重 500 克，每箱装 20 个。正当他送完货，要回果园的时候，接到了从果园打来的电话，说由于分类错误，这 10 箱桃子中有 1 箱装的是每个 400 克的桃子，要送货员把这箱桃子带回果园以便更换。但是，怎样从 10 箱桃子中找出到底哪一箱的分量不足呢？手边又没有秤。

正在这时，他忽然发现不远的路旁有一台自动称量体重的机器，投进去 1 元硬币就可以称量一次重量。他的口袋里刚好有一枚 1 元硬币，当然也就只能称量一次。那么他应该怎样充分利用这只有一次的机会，来找出那一箱不符合规格的产品呢？

138. 特别的称重

中级　　难度星级：☆☆☆★★　　知识点：计算

宇华在实验室做实验，他要用 3 克的碳酸钠作为溶质，但是他的手边只有一袋标着 56 克、没有拆封的碳酸钠，还有一架只有一个 10 克砝码的天平。这时，实验室只有他一个人，也找不到其他的称量工具。在现有的条件下，他该怎样称出 3 克的碳酸钠来呢？

139. 药剂师称重

中级　　难度星级：☆☆☆★★　　知识点：计算

现有300克的某种药粉，要把它们分成100克和200克的两份，如果天平只有30克和35克的砝码各一个，你能不能运用这两个砝码在称两次的情况下把药粉分开？

140. 不准的天平

中级　　难度星级：☆☆★★★　　知识点：计算

有一个天平由于两侧臂不一样长，虽然一直都处于平衡状态，但是长时间没人用。现在实验员小刘想用2个300克的砝码，称出600克的实验物品，你能给他想个办法吗？

141. 分面粉

中级　　难度星级：☆☆★★★　　知识点：计算

有7克、2克砝码各一个，天平一个，如何只用这些物品3次将140克的面粉分成50克、90克各一份？

142. 称盐

中级　　难度星级：☆☆★★★　　知识点：计算

现有9000克盐以及50克和200克的砝码各一个。问怎样用天平称出2000克盐？只许称3次。

143. 分辨胶囊

高级　　难度星级：☆★★★★　　知识点：编码

有3种药，都装在一种外表一样的胶囊里，分别重1克、2克、3克。现在有很多这样的药瓶，单凭药瓶和胶囊的外表是无法区分的，只能通过测量胶囊的重量来加以区分。如果每瓶中的胶囊足够多，我们能只称一次就知道各个瓶子中分别装的是哪类药吗？

如果有 4 种药呢？5 种呢？

如果是共有 n 种药呢（n 为正整数，药的质量各不相同但各种药的质量已知）？你能用最经济简单的方法只称一次就知道每瓶中装的是哪类药吗？

注：称过的药我们就不用了。

144. 砝码数量

中级　　难度星级：☆☆★★★　　知识点：等比数列

有一个天平，想要用它称出来 1 到 121 克之间所有重量为整数克的物品，至少要多少个砝码？每个砝码都重多少克？

145. 零钱

中级　　难度星级：☆☆★★★　　知识点：构成成分

小明打算去书店买书，他出门的时候带了 10 元钱。这 10 元钱是他特意准备的零钱，由 4 枚硬币（分币）和 8 张纸币（元、角币）构成。而且只要书价不超过 10 元，不管需要几元几角几分他都可以直接付款而不需要找零。你知道小明的 10 元钱的构成吗？

146. 找零钱

高级　　难度星级：☆★★★★　　知识点：逻辑思维

美国货币中的硬币有1美分、5美分、10美分、25美分、50美分和1美元这几种面值。一家小店刚开始营业，三兄弟来到店里吃饭。当这三兄弟站起来付账的时候，出现了以下的情况。

（1）连同店家在内，这4个人中每个人都至少有1枚硬币，但都不是面值为1美分或1美元的硬币。

（2）这4个人中没有一个人有足够的零钱可以兑开任何1枚硬币。

（3）老大要付的账单款额最大，老二要付的账单款额其次，老三要付的账单款额最小。

（4）三兄弟无论怎样用手中所持的硬币付账，店主都无法找清零钱。

（5）但是如果三兄弟相互之间等值调换一下手中的硬币，则每个人都可以付清自己的账单而无须找零。

（6）当这三兄弟进行了两次等值调换以后，他们发现手中的硬币与各人自己原先所持的硬币没有一枚面值相同。

随着事情的进一步发展，又出现如下的情况。

（7）在付清了账单以后，三兄弟其中一个人又买了一些水果。本来他手中剩下的硬币足够付款的，可是店主却无法用自己现在所持的硬币找清零钱。

（8）于是，他只好另外拿出1美元的纸币付了水果钱，这时店主不得不把手里的全部硬币都找给了他。现在，请你计算一下，这三兄弟中谁用1美元的纸币付了水果钱？

147. 需要买多少

中级　　难度星级：☆☆★★★　　知识点：计算

27名同学去郊游，在途中休息的时候，口渴难耐，去小店买饮料。饮料店搞促销，凭3个空瓶可以再换一瓶。他们最少买多少瓶饮料才能保证一人喝一瓶？

148. 老师的儿子

中级　　难度星级：☆☆★★★　　知识点：计算

一个老师有3个儿子，这3个儿子的年龄加起来等于13，乘起来等于老师的年龄，有一个学生知道老师的年龄，但仍不能确定老师3个儿子的年龄，这时老师说只有1个儿子在托儿所，然后这个学生就知道了老师3个儿子的年龄。

请问这3个儿子的年龄分别是多少？为什么？

149. 射击比赛

中级　　难度星级：☆☆★★★　　知识点：归类

射击比赛中，甲、乙、丙3名运动员各打了4发子弹，全部中靶，其命中情况如下。

（1）每人的4发子弹所命中的环数各不相同。

（2）每人的4发子弹所命中的总环数均为17环。

（3）乙有两发命中的环数分别与甲其中两发一样，乙另两发命中的环数与丙其中两发一样。

（4）甲与丙只有一发环数相同。

（5）每人每发子弹的最好成绩不超过7环。

问甲与丙命中的相同环数是几环？

150. 数学家打牌

高级　难度星级：☆★★★★　知识点：分情况讨论

一天，几位数学家坐在一起打牌。打了一会儿后旁边有人问他们都还剩几张牌。其中一位数学家保罗答道："我的牌张数最多，约翰的其次，琼斯的再次，艾伦的牌最少。我们4人剩下的牌总共不超过17张。如果把我们这4家牌的数目相乘，得到这个数。"说完，这位数学家在一张纸上写下了一个数字给他看。

那人看了这个数字后，说道："让我来试试把每人牌的数目算出来。不过要解答这个问题，已知数据还不够。请问艾伦，你的牌是一张呢，还是不止一张？"

艾伦回答了这个问题。那人听后，很快就准确地计算出了每人牌的数目。你能否算出每位数学家手里有几张牌呢？

151. 称重的姿势

中级　难度星级：☆☆☆★★　知识点：简化思维

一个人用4种姿势称自己的体重，哪种姿势最准确？是蹲在体重计上、双脚站立、单脚站立还是直挺挺地平躺着？

152. 保持平衡

中级　难度星级：☆☆☆★★　知识点：力与力臂

如下图所示，要想让天平保持平衡，右侧问号处应该放入数字为几的物体？

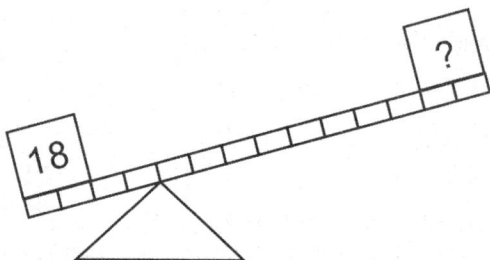

153. 平衡还是不平衡

中级　　难度星级：☆☆★★★　　知识点：等量代换

毕达哥拉斯是古希腊著名的数学家，门下弟子众多。在一次讲课中，他拿出 4 架天平，分别在两边放上一些几何物体，同种形状的物体大小、重量都相等。毕达哥拉斯问众弟子："你们谁能告诉我，在下图中，根据前三架天平的状态来看，第四架天平是不是平衡？"众弟子面面相觑，无人能答。你能解答这个问题吗？

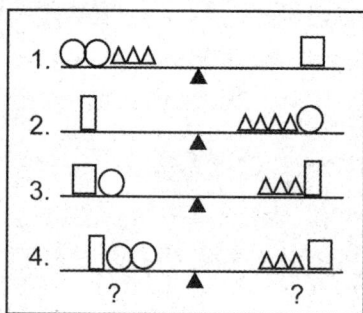

154. 保持平衡

中级　　难度星级：☆☆★★★　　知识点：计算

仔细观察下图所示的滑轮，每个相同形状的物体的重量都是相同的，前三个滑轮系统都是平衡状态，请问第四个滑轮系统要用多重的物体才能使其保持平衡？

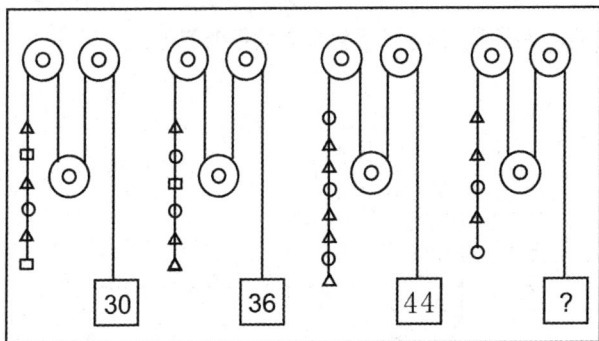

155. 火灾救生器

中级　　　难度星级：☆☆★★★　　　知识点：逻辑思维

美国有一种火灾救生器，其实就是在滑轮两边用绳索吊着两个大篮子。把一只篮子放下去的时候，另一只篮子就会升上来，如果在其中的一只篮子里放一件东西作为平衡物，则另一个较重的物体就可以放在另外的篮子里往下送。假如一只篮子空着，另一只篮子里放的东西不超过 30 斤，则下降时可保证安全。假如两只篮子里都放着重物，则它们的重量之差也不得超过 30 斤。

一天晚上，吉姆的家里突然发生火灾。除了重 90 斤的吉姆和重 210 斤的妻子，还有一个重 30 斤的孩子，和一只重 60 斤的宠物狗。

现在知道每只篮子都大得足以装进 3 个人和一只狗，但别的东西都不能放在篮子里。而且狗和孩子如果没有吉姆或他的妻子的帮助，不会自己爬进或爬出篮子。

你能想出好办法尽快使这 3 个人和一只狗安全地从火中逃生吗？

156. 是否平衡

中级　　难度星级：☆☆★★★　　知识点：力与力臂

请确认下图所示的这个系统是否会平衡？

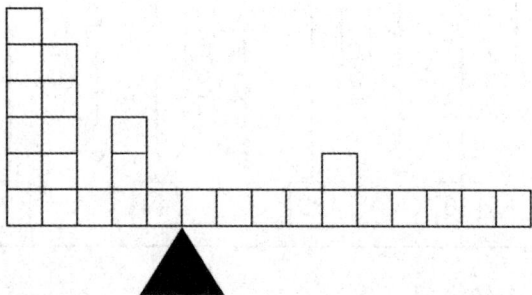

157. 卖给谁

中级　　难度星级：☆☆☆★★　　知识点：简化思维

下班时间到了，米贩老王有急事，准备关门。这时来了两位客人，一位要买20斤米，一位要买8斤米。而米贩只有一袋25斤的大米，不够卖给两个人。而且店里只有一个可以量1斤米的斗。米贩想用最短的时间完成交易后离开，请问他该把米卖给谁？

158. 灯泡的容积

中级　　难度星级：☆☆★★★　　知识点：简化思维

发明家爱迪生曾经有个名叫阿普顿的助手，他毕业于普林斯顿大学数学系，又在德国深造了一年，自以为天资聪明，头脑灵活，甚至觉得比爱迪生还强很多，处处卖弄自己的学问。

有一次，爱迪生把一只梨形的玻璃灯泡交给了阿普顿，请他算算容积是多少。阿普顿拿着那个玻璃灯泡，轻蔑地一笑，心想："想用这个难住我，也太小看我了！"

他拿出尺子上上下下量了又量，还依照灯泡的式样画了一张草图，列出一道道算式，数字、符号写了一大堆。他算得非常认真，脸上都渗出了细细的汗珠。

过了一个多小时，爱迪生问他算好了没有。他边擦汗边说："办法有了，已经算了一半多了。"

爱迪生走过来一看，在阿普顿面前放着许多草稿纸，上面写满了密密麻麻的等式。爱迪生微笑着说："何必这么复杂呢？还是换个别的方法吧。"

阿普顿仍然固执地说："不用换，我这个方法是最好最简便的。"

又过了一个多小时，阿普顿还在低着头列算式。爱迪生有些不耐烦了，马上用一个非常简单的办法就做到了。你知道他是怎么做的吗？

159. 比面积

初级　　难度星级：☆☆☆☆★　　知识点：简化思维

有两块同样种类的木板，如下图所示，它们的形状都很不规则，现在请你用最简单的办法来比较一下谁的面积大。你知道怎么做吗？

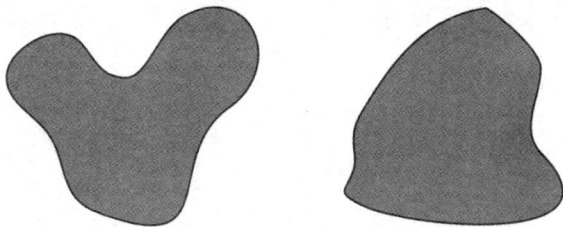

第七章

水壶取水

取水问题，是一个经典而有趣的逻辑题。

取水问题的经典形式是这样的。

假设有一个池塘，里面有无穷多的水。现在有 2 个没有刻度的空水壶，容积分别为 5 升和 6 升。

请问，如何用这 2 个空水壶从池塘里准确地取得 3 升水。

事实上，要解决这种问题，只需把 2 个水壶中的一个从池塘里取满水，倒到另一个壶里，重复这一过程，当第二个壶满了的时候，把其中的水倒回池塘，反复几次，就能得到答案了。具体如本题，方法如下。

5 升壶取满水，倒入 6 升壶中；5 升壶再取满水，把 6 升壶灌满，这时 5 升壶中还有 4 升水，6 升壶满；把 6 升壶中的水倒光；5 升壶中的 4 升水倒入 6 升壶中；5 升壶取满水，把 6 升壶倒满；此时，5 升壶中剩下的水正好为 3 升。

或者，把 6 升壶灌满，倒入 5 升壶中，再把 5 升壶中的水倒掉，这样，6 升壶中有 1 升水；把这 1 升水倒入 5 升壶中，把 6 升壶灌满，然后往 5 升壶中灌水，将 5 升壶灌满，这样，6 升壶中有 2 升水；把 5 升壶中的水倒掉，把 6 升壶中的 2 升水灌到 5 升壶中；把 6 升壶灌满，最后，把 6 升壶中的水往 5 升壶里灌，直到灌满为止。这样，5 升壶中的水为 5 升，6 升壶中的水为 3 升。

取水问题还有一些更复杂的扩展变形形式，比如取水的壶不止2个，例如有3个壶，分别是6升、10升和45升，现在要取31升水。

这样一来就不能用上面的循环倒水法了。那么我们该如何在倒水之前就知道靠这些壶是否一定能倒出若干升水来呢？

简单说，这类题就是用给定的3个数字，如何进行加减运算可以得出要取的数字来。

就这个例子来说，我们知道，10+10+10+10+6-45+10+10+10=31。那么，根据这个式子我们就可以写出取水的过程了，具体如下。

首先用10升的壶取满水，倒入45升的壶中，连续取4次，这样45升壶中有水40升；用6升的壶取满水，把45升的壶倒满，此时6升壶中余1升水；把45升壶中的水倒空；用10升的壶取满水，倒入45升的壶中，连续取3次，这样45升壶中有水30升；把6升壶中的1升水倒入45升的壶中，即可得到想要的31升水。

当然，我们可以发现，要想用这3个数字得到31，方法绝对不止一种，也就是说我们取水的过程也并非是唯一的。大家可以用其他的方法试试看。

160. 平分24斤油

中级　　难度星级：☆☆★★★　　知识点：计算

张大婶、李二婶和王三婶3个人一起去买油。一大桶油有24斤，3个人打算平分。可是李二婶只带了一个能装11斤油的桶，王三婶的桶能装13斤，又没有秤，3个人没法分。这时张大婶又找到一个5斤装的空油瓶，就用这几个容器，张大婶倒来倒去，终于把油分开了。你知道是怎么分的吗？

161. 分饮料

中级　难度星级：☆☆★★★　知识点：计算

小陈有两个外甥。一天，他带了一瓶4升的果汁去看他们，并想把果汁平分给两个孩子。但是他只找到了两个空瓶子，一个容量是1.5升，另一个容量是2.5升。那么，有什么办法可以用这3个瓶子把果汁平均分配给他们呢？

162. 酒鬼分酒

中级　难度星级：☆☆★★★　知识点：计算

老张和老李都是酒鬼，一次他们一起去买酒，一桶8斤装的白酒在打折，于是他们决定一起买下来然后平分。不过他们手上只有一个5斤装和一个3斤装的空瓶。两个人倒来倒去，总是分不均匀。这时来了一个小孩，用一种方法，很快就把这些酒平分了。你知道他是怎么分的吗？

163．巧取 3 升水

中级　　难度星级：☆☆★★★　　知识点：计算

假设有一个池塘，里面有无穷多的水。现有 2 个空水壶，容积分别为 5 升和 6 升。如何只用这 2 个水壶从池塘里取得 3 升的水？

164．如何称 4 升油

中级　　难度星级：☆☆★★★　　知识点：计算

一个人想去店里买 4 升油，可是正巧店里的秤坏了。店里只有一个 3 升的桶，一个 5 升的桶，而且两只桶的形状上下都不均匀。只用这些工具，你能想办法准确地称出这 4 升油吗？

165．商人卖酒

中级　　难度星级：☆☆★★★　　知识点：计算

有一个商人用一个大桶装了 12 升酒到市场上去卖，两个酒鬼分别拿了 5 升和 9 升的小桶，其中一个要买 1 升，另一个要买 5 升。这时，又来了一个人，什么也没拿，说剩下的 6 升酒连同桶在内他都要了。奇怪的是他们之间的交易没有用任何其他的称量工具，只是用这 3 个桶倒来倒去就完成了。你知道他们是怎么做的吗？

166．如何卖酱油

中级　　难度星级：☆☆★★★　　知识点：计算

卖酱油的人有满满的两桶酱油，每桶 10 千克，准备出售。这时，来了两个人想买酱油，一个人带了一个 4 千克的容器，另一个人带了一个 5 千克的容器。两个人都想买 2 千克酱油，卖酱油的人没有其他的测量工具，但是这个聪明的商人用两名顾客的容器倒来倒去，还是把酱油卖给了他们，请问他是怎么做到的？

167. 卖酒

中级　　难度星级：☆☆★★★　　知识点：计算

超市里有两桶满的白酒，各是 50 斤。一天，来了两个顾客，分别带来了一个可以装 5 斤和一个可以装 4 斤酒的瓶子。他们每人只买 2 斤酒。如果只用这 4 个容器，你可以给他们俩的瓶子里各倒入 2 斤的酒吗？

168. 老板娘分酒

中级　　难度星级：☆☆☆★★　　知识点：计算

一个人去商店买酒，他明知道店里只有两个舀酒的勺子，分别能舀 7 两和 11 两酒，却硬要老板娘卖给他 2 两酒。老板娘很聪明，用这两个勺子在酒缸里舀酒，并倒来倒去，居然量出了 2 两酒，你能做到吗？

169. 分米

中级　　难度星级：☆☆★★★　　知识点：计算

有一个商人挑着担子去集市上卖米。他要把 10 斤米平均分在两个箩筐中以保持平衡，但手中没有秤，只有一个能装 10 斤米的袋子、一个能装 7 斤米的桶和一个能装 3 斤米的脸盆。请问：他应该怎样平分这 10 斤米呢？

170. 卖糖果

中级　　难度星级：☆☆★★★　　知识点：分组

小新的爸爸开了个糖果店，周日的时候，爸爸让小新帮忙看店，自己有事出门。之前有个人说要定购一批糖果，只记得是不超过

1500 颗糖，但是具体数字一直没有确定下来，周日来拿。不巧的是小新不会包装糖果，爸爸就把 1500 颗糖包装成了 11 包，这样顾客无论要买的是多少颗，都可以不用打开包装直接给他了。你知道爸爸是怎么包的吗？

171. 分苹果

中级　　难度星级：☆☆★★★　　知识点：计算

总公司分给某营业点一箱苹果共 48 个，并给出了分配方法：把苹果分成 4 份，并且使第一份加上 3，第二份减去 3，第三份乘以 3，第四份除以 3 后所得的结果相同。如果你是该营业点的负责人，应该怎么分呢？

172. 分枣

中级　　难度星级：☆☆★★★　　知识点：倒推法

幼儿园里，园长给新来的老师一包枣，让她把这些枣分给小朋友们，并告诉她分法：第一个小朋友得到一颗枣和余数的 $\frac{1}{9}$；第二个小朋友得到 2 颗枣和余数的 $\frac{1}{9}$；第三个小朋友得到 3 颗枣和余数的 $\frac{1}{9}$；给剩下的小朋友的枣数以此类推。园长告诉她只要按这个方法分，所有小朋友都会得到枣，并且是公平合理的。老师将信将疑地按园长的方法做了，结果确实如此。那么，一共有几个小朋友，几颗枣呢？

173. 海盗分椰子

高级　　难度星级：☆★★★★　　知识点：计算

一艘海盗船被天上砸下来的一块石头给击中了，5 个倒霉的家伙只好逃难到一个孤岛，发现岛上空荡荡的，只有一些椰子树和一只猴子。

大家把椰子全部采摘下来放在一起，但是天已经很晚了，所以大家就决定先去睡觉。

晚上某个家伙起床悄悄地将椰子分成 5 份，结果发现多一个椰子，就顺手给了那只猴子，然后悄悄地藏了一份，把剩下的椰子混在一起放回原处后，悄悄地回去睡觉了。

过了一会儿，另一个家伙也起床悄悄地将剩下的椰子分成 5 份，结果发现多一个椰子，顺手就又给了幸运的猴子，然后悄悄地藏了一份，把剩下的椰子混在一起放回原处后，悄悄地回去睡觉了。

又过了一会儿……

又过了一会儿……

总之 5 个家伙都起床过，都做了一样的事情。

早上大家都起床后，各自心怀鬼胎地开始分椰子，这只猴子还真不是一般的幸运，因为这次把椰子分成 5 份后居然还是多一个椰子，只好又给它了。

问题来了，这堆椰子最少有多少个？

174. 午餐分钱

中级　　难度星级：☆☆★★★　　知识点：逻辑思维

约克和汤姆结对旅游，他们一起吃午餐。约克带了 3 块饼，汤姆带了 5 块饼。这时，有一个路人路过，路人饿了。约克和汤姆邀请他一起吃饭。约克、汤姆和路人将 8 块饼全部吃完。吃完饭后，路人感谢他们的午餐，给了他们 8 个金币。

约克和汤姆为这 8 个金币的分配展开了争执。汤姆说："我带了 5 块饼，理应我得 5 个金币，你得 3 个金币。"约克不同意："既然我们在一起吃这 8 块饼，理应平分这 8 个金币。"约克坚持认为每人各得 4 个金币。为此，约克找到公正的法官。

法官说："孩子，汤姆给你 3 个金币，因为你们是朋友，你应该接受它；如果你要公正的话，那么我告诉你，公正的分法是，你应当得到 1 个金币，而你的朋友汤姆应当得到 7 个金币。"

约克不理解。大家知道这是为什么吗？

175. 公平分配

中级　　难度星级：☆☆★★★　　知识点：平分

3 个人共同出钱，到镇上去买生活用品，回来后，除酒之外的其他物品都可以均匀地分成 3 份。由于当时粗心大意，回来后他们才发现买的 21 瓶酒被商家动了手脚：最上面的 7 瓶酒是满的，中间一层的 7 瓶酒都只有一半，而最下面一层的 7 瓶酒是空瓶子。去找商家讨账是不太现实的了，3 个人如何公平地分这些酒呢？（提示：

两个半瓶可以合为一个满瓶）

176. 巧分银子

中级　难度星级：☆☆★★★　知识点：计算

10个兄弟分100两银子，从小到大，每两人相差的数量都一样。又知第八个兄弟分到6两银子，请问每两个人相差的银子是多少？

177. 大牧场主的遗嘱

高级　难度星级：☆★★★★　知识点：计算

有个牧场主要把自己的产业分给他的儿子们，于是召集他们宣读遗嘱。

他对大儿子说：儿子，你认为你能够养多少头牛，你就分走多少；你的妻子可以取走剩下的牛的$\frac{1}{9}$。

他又对二儿子说：你可以分走比大哥多一头牛，因为他有了先挑的机会；至于你的妻子，可以获得剩下的牛的$\frac{1}{9}$。

然后对其余的儿子说了类似的话，每人拿到比他大一点的哥哥的牛数多一头，而他们的妻子则获得剩下的牛的$\frac{1}{9}$。

当最小的儿子分完牛之后，牛一头也没有了。

于是牧场主又说：马的价值是牛的2倍，剩下的7匹马的分配要使每个家庭得到同样价值的牲口。

试问：大牧场主共有多少头牛？他有几个儿子？

178. 盲人分衣服

中级　难度星级：☆☆★★★　知识点：发散思维

有两个盲人，各自买了两件一样的黑衣服和两件一样的白衣服，可是他们把这些衣服放混了，但是不久他们没有经过任何人的帮助就自己把这些衣服分开了。你知道他们是怎么做到的吗？

179. 盲人分袜

中级   难度星级：☆☆★★★   知识点：发散思维

有两位盲人，他们都各自买了两双黑袜和两双白袜，8 双袜子的布质、大小完全相同，而每双袜子都有一张商标纸连着。两位盲人不小心将 8 双袜子混在一起。他们每人怎样才能取回黑袜和白袜各两双呢？

180. 巧分大米和小麦

中级   难度星级：☆☆★★★   知识点：逻辑思维

王阿姨去市场买了 10 斤大米，又替张奶奶买了 10 斤小麦。但是由于只带了一个布袋，所以她将小麦放在了布袋里，然后扎紧，又将大米装在了上边。她准备回家以后把大米倒出来，然后用布袋把张奶奶的小麦送过去。可是就在王阿姨回家的路上，正好遇到了拿着布袋的张奶奶。

请问：在没有任何其他容器的情况下，怎样才能把各自的粮食装到自己的布袋里？

181. 各拿了多少钱

中级   难度星级：☆☆☆★★   知识点：计算

4 个小朋友出去买零食。

小明："我有 1 元钱。"

小红："我们 4 个人的钱相加是 6.75 元。"

小新："我们 4 个人的钱相乘也是 6.75 元。"

小志："小明钱最少，我的钱最多，小新比小红的钱多。"

你知道他们每个人有多少钱吗？

182. 司令的命令

中级　　难度星级：☆☆★★★　　知识点：计算

司令带兵出征，给粮草官留下命令：如果刘军长来借粮，由于他是自己人，可把粮草的 $\frac{2}{3}$ 给他，自己留 $\frac{1}{3}$；如果张军长来借粮，因为他是盟友，给他 $\frac{1}{3}$ 的粮草，自己留 $\frac{2}{3}$。结果刘军长和张军长同时来借粮，粮草官怎么分配才不违背司令的命令呢？

183. 分蛋糕

中级　　难度星级：☆☆★★★　　知识点：平分

小霞过生日，家里来了 19 个同学。爸爸买了 9 个小蛋糕来招待这 20 个小朋友。怎么分呢？不分给谁也不好，应该每个人都有份。那就只有把这些蛋糕切开了，可是切成碎块太难吃了，爸爸希望每个蛋糕最多分成 5 块。

你有什么办法吗？

第八章

猜数字

　　猜数游戏，又叫猜数字游戏，是曾经在电子设备（如文曲星）上风靡一时的经典益智游戏。

　　猜数字游戏介绍如下。

　　（1）游戏开始，电脑会随机产生一个数字不重复的四位数。

　　（2）你将自己猜的 4 个数字填在答案框内提交。

　　（3）电脑会将你提交的数与它产生的数进行比较，结果用"*A*B"的形式表示。A 代表位置正确数字也正确，B 代表数字正确但位置不正确。比如说："1A2B"表示你猜的数字中有 1 个数字的位置正确且数值也正确，另外，你还猜对了 2 个数字，但位置不对。

　　（4）如果你能在 10 次尝试之内，把所有数字的数值和位置全部猜对，即结果为"4A0B"，则游戏成功。

　　下面列举一个实例。

　　比如说，电脑随机产生的数字是 9154。当然，我们不会知道。

　　我们能做的就是一次次尝试。第一次，我们没有任何提示，为了方便，按照数字顺序猜数即可，比如我们选择 1234。结果系统会提示我们 1A1B，即 1234 四个数中有两个数字是选中数字，且有一个位置也对了。

　　第二次，我们重新选择四个数字 5678，系统返回的结果是 0A1B。也就是说 5678 中有一个数字是选中数字，但位置不对。同时我们还可以得出一个结论，数字9和0中有且只有一个是选中数字。

第三次，我们选择0987，系统返回的结果为0A1B。因为我们知道，0和9中有一个是选中数字，同时8和7交换位置来推断位置的正确性。这时可以排除7和8是选中数字，而且5和6中有且只有一个选中数字。

第四次，我们选择数字7560，系统返回结果为0A1B。因为此时不确定因素太多，所以我们把已经确定不是选中数字的7加入进来是为了减少确定数字的难度。同时，记得变换5和6的位置。此时，我们可以确定数字0不是选中数字，而9是选中数字，同时也排除了一些数字不可能在的位置。

第五次，我们选择数字5634，系统返回结果为1A1B。我们前面知道，5和6中有一个选中数字，但位置不对，这就说明3和4中有一个选中数字，且位置是对的。

第六次，我们选择数字9634，系统返回结果为2A0B。前面我们知道9是选中数字，换了它之后，正确数字没有增加，说明替换掉的5是选中数字，而且9的位置也是正确的。

第七次，我们选择数字9254，系统返回结果为3A0B。首位是9毫无疑问，然后加入上一步确认的数字5，因为前面已经确认5不在第一位和第二位，所以本次放在第三位来确认位置，4的位置不变。如果放在第二位的数字2是选中数字，那返回结果必定会至少出现一个B。从而得出2不是选中数字，1才是。

第八次，确定了4个数字分别是9154，从而得到正确答案。

当然，猜数字游戏的步骤不是唯一的，如果你足够聪明，可能会用更少的次数就可以猜出正确答案。我们在测试不同数字的时候会返回不同的结果，下一步用什么策略也是根据不同的结果决定，没有一定之规。但是在猜数字的过程中，一些重要的技巧却是常用的。比如将数字分组，先确认每组中选中数字的个数，比如在换位置的时候范围不要太多，否则变数太大，比如用明知不是选中数字或者明知是选中数字的数字来减少选择，从而快速地确认正确的数字和位置，比如经常变换数字的位置和顺序来判断位置的正确性等。

184. 猜数字（1）

中级　　难度星级：☆☆★★★　　知识点：逻辑思维

甲、乙、丙是某教授的 3 个学生，3 个人都足够聪明。教授发给他们 3 个数字（自然数，没有 0），每人 1 个数字，并告诉他们这 3 个数字的和是 14。

甲马上说道："我知道乙和丙的数字是不相等的！"

乙接着说道："我早就知道我们每个人的数字都不相等了！"

丙听到这里马上说："哈哈，我知道我们每个人的数字都是几了！"

问题：这 3 个数分别是多少？

185. 猜数字（2）

高级　　难度星级：★★★★★　　知识点：逻辑思维

老师从 1 到 80 之间（大于 1 小于 80）选了两个自然数，将二者之积告诉同学 P（Product），二者之和告诉同学 S（Sum），然后他问这两位同学能否推出这两个自然数分别是多少。

S 说："我不知道这两个数是什么，但我知道 P 肯定不知道这两个数是什么。"

P 说："那么我知道了。"

S 说："那么我也知道了！"

其他同学："我们也知道啦！"

……

通过这些对话，你能猜到老师选出的两个自然数是什么吗？

186. 猜数字（3）

中级　　难度星级：☆☆★★★　　　知识点：逻辑思维

老师在一张纸上写了4个数字，对甲、乙、丙、丁4位同学说："你们四位是班上最聪明，最会推理、演算的学生。今天，我出一道题考考你们。我手中的纸条上写了4个数字，这4个数字是1、2、3、4、5、6、7、8中的任意4个。你们先猜猜各是哪4个数字。"

甲说："2、3、4、5。"

乙说："1、3、4、8。"

丙说："1、2、7、8。"

丁说："1、4、6、7。"

听了4个人猜的结果后，老师说："甲和丙两个同学猜对了2个数字，乙和丁同学只猜对了1个数字。"你能推导出纸条上写了哪几个数字吗？

187. 贴纸条猜数字

中级　　难度星级：☆☆★★★　　　知识点：逻辑思维

一个教逻辑学的教授，有3个学生，都非常聪明。一天教授给他们出了一道题，教授在每个人的额头上贴了一张纸条并告诉他们，每个人的纸条上都写了一个正整数，且某两个数的和等于第三个数。（每个人可以看见另两个数，但看不见自己的数。）

教授分别问了3个学生是否能猜出自己的数，3个学生均回答："不能。"教授回头再问3个学生，第一个学生和第二个学生还是回答"不能"，这时第三个学生回答："我猜出来了，是144！"教授很满意地笑了。请问你能猜出另外两个人头上贴的数是什么吗？请说出理由。

188. 猜猜年龄

中级　　难度星级：☆☆★★★　　知识点：计算

小张和小王在路上遇见了小王的 3 个熟人 A、B、C。

小张问小王："他们 3 个人今年多大？"

小王想了想说："那我就考考你吧。他们 3 个人的年龄之和为我们两人的年龄之和，他们 3 个人的年龄相乘等于 2450。"

小张算了算说："我还是不知道。"

小王听后笑了笑说："那我再给你一个条件——他们 3 个人的年龄都比我们的朋友小李要小。"

小张听后说："那我知道了。"

请问小李的年龄是多少？

189. 猜帽子上的数字

高级　　难度星级：☆★★★★　　知识点：逻辑思维

100 个人每人戴一顶帽子，每顶帽子上有一个数字（数字限制在 0 ~ 99 之间的整数），这些数字有可能重复。每个人只能看到其他 99 个人帽子上的数字，看不到自己的帽子上的数字。这时要求所有人同时说出一个数字，是否存在一个策略使得：至少有一个人说出的是自己头上帽子的数字？如果存在，请构造出具体的推算方法；如果不存在，请给出严格的证明。

190. 各是什么数字

中级　　难度星级：☆☆★★★　　知识点：逻辑思维

A、B、C 3 个人头上的帽子上各有一个大于 0 的整数，3 个人都只能看到别人帽子上的数字，看不到自己帽子上的数字。但有一点是 3 个人都知道的，那就是 3 个人都是很有逻辑的人，总是可以做出正确的判断，并且 3 个人总是说实话。

现在，告诉 3 个人已知条件为：其中一个数字为另外两个数字之和。然后开始对 3 个人提问。

先问 A：“你知道自己帽子上的数字是多少吗？”

A 回答：“不知道。”

然后问 B：“你知道自己帽子上的数字是多少吗？”

B 回答：“不知道。”

问 C，C 也回答不知道。

再次问 A，A 回答：“我帽子上是 20。”

请问 B、C 帽子上分别是什么数字？（有多种情况）

191. 纸条上的数字

中级　　难度星级：☆☆★★★　　知识点：逻辑思维

老师出了一道测试题想考考皮皮和琪琪。她写了两张纸条，对折起来后，让皮皮、琪琪每人拿一张，并说："你们手中的纸条上写的数字都是自然数，这两个数相乘的积是 8 或 16。现在，你们能通过手中纸条上的数字，推出对方手中纸条上写的数字吗？"

皮皮看了自己手中纸条上的数字后，说："我猜不出琪琪的数字。"

琪琪看了自己手中纸条上的数字后，说："我也猜不出皮皮的数字。"

听了琪琪的话后，皮皮又推算了一会儿，说："我还是推不出琪琪的数字。"

琪琪听了皮皮的话后，重新推算了一会儿，也说："我同样推不出来。"

听了琪琪的话后，皮皮很快地说："我知道琪琪手中纸条的数字了。"并报出数字，果然没错。

你知道琪琪手中纸条上的数字是多少吗？

192. 纸片游戏

高级　　难度星级：☆★★★★　　知识点：逻辑思维

Q 先生、S 先生和 P 先生在一起做游戏。Q 先生在两张小纸片上各写一个数字。这两个数都是正整数，差为 1。他把一张纸片贴在 S 先生额头上，另一张贴在 P 先生额头上。于是，两个人只能看见对方额头上的数字。

Q 先生不断地问："你们谁能猜到自己头上的数字？"

S 先生说："我猜不到。"

P 先生说："我也猜不到。"

S 先生又说："我还是猜不到。"

P 先生又说："我也猜不到。"

S 先生仍然猜不到；P 先生也猜不到。

S 先生和 P 先生都已经 3 次猜不到了。

可是，到了第四次，S 先生喊起来："我知道了！"

P 先生也喊道："我也知道了！"

问：S 先生和 P 先生头上各是什么数字？

193. 老师的生日

中级　　难度星级：☆☆★★★　　知识点：逻辑思维

小明和小强都是张老师的学生，张老师的生日是 M 月 N 日，两人都不知道。张老师的生日是下列 10 组日期中的一天，他把 M 值告诉了小明，把 N 值告诉了小强，张老师问他们知道他的生日是哪一天吗？

小明说："如果我不知道的话，小强肯定也不知道。"

小强说："本来我也不知道，但是现在我知道了。"

小明说："哦，那我也知道了。"

请根据以上对话推断出张老师的生日是哪一天：

3 月 4 日，3 月 5 日，3 月 8 日；

6 月 4 日，6 月 7 日；

9 月 1 日，9 月 5 日；

12 月 1 日，12 月 2 日，12 月 8 日。

194. 找零件

高级　　难度星级：☆★★★★　　知识点：逻辑思维

张师傅带了两个徒弟：小王和小李。一天，张师傅想看看他们两个人谁更聪明一点，于是，他将两个徒弟带进仓库，里面有以下 11 种规格的零件：

8：10，8：20；

10：25，10：30，10：35；

12：30；

14：40；

16：30，16：40，16：45；

18：40。

这里需要说明的是，"："前的数字表示零件的长度，"："后的数字表示零件的直径，单位都是毫米。

他把徒弟小王、小李叫到跟前，告诉他们说："我将把我所需要的零件的长度和直径分别告诉你们，看你们谁能最先挑出我要的那个零件。"于是，他悄悄地把这个零件的长度告诉了徒弟小王，把直径告诉了徒弟小李。

徒弟小王和徒弟小李都沉默了一阵。

徒弟小王说："我不知道是哪个零件。"

徒弟小李也说："我也不知道是哪个。"

随即徒弟小王说："现在我知道了。"

徒弟小李也说："那我也知道了。"

然后，他们同时走向一个零件。张师傅看后，高兴地笑了，原来那个零件正是自己需要的那一个。

你知道张师傅要的零件是哪个吗？

195. 手心的名字

中级　　难度星级：☆☆★★★　　知识点：逻辑思维

春游的时候，老师带着 4 名学生 A、B、C、D 一起做猜名字的游戏。游戏很简单：

首先，老师在自己的手上用圆珠笔写了 4 个人中其中一个人的名字。

然后她握紧手，在此过程中，不要让 4 名学生中的任何一个人看到。

最后，老师对他们 4 个人说："我在手上写了你们 4 个人其中一个人的名字，猜猜我写了谁的名字？"

A 回答说："是 C 的名字。"

B 回答说："不是我的名字。"

C 回答说："不是我的名字。"

D 回答说："是 A 的名字。"

这 4 名学生猜完之后，老师说："你们 4 个人中只有一个人猜对了，其他 3 个人都猜错了。"

4 个人听了以后，都很快猜出老师手中写的是谁的名字了。

你知道老师手中写的是谁的名字吗？

196．猜出你偷走的数字

中级 难度星级：☆☆★★★ 知识点：计算

首先把 2012 年 12 月 21 日的年、月、日列在一起组成一个 8 位数 20121221，然后把你自己的生日也按照这个格式组成一个 8 位数，假设你是 1970 年 7 月 7 日出生，这个数字就是 19700707。接下来，用 20121221 减去你的生日得到一个新数，20121221-19700707=420514，不妨把这个新数字称为玛雅数字。

接下来，我们把玛雅数字倒着写一遍，420514 反过来就是 415024。之后把正着写的玛雅数字和倒着写的玛雅数字相减，大的减小的，得到 420514-415024=5490。

此时你可以从这个结果中的数字里挑选一个你喜欢的数字（0 除外），把它偷走。比如 4，然后把剩下的数字相加之和告诉我（5+9+0=14）。

整个过程中我都不知道你的生日是哪天，也不知道你的玛雅数字是什么。但只是因为 2012 年 12 月 21 日是不寻常的一天，20121221 是个不寻常的数字，所以当你报出剩下的数字之和时，全世界当然也包括我都知道你把哪个数字偷走了！

不论观众有多少位，只要按照以上的步骤来演示，只要诚心，都可以依靠 2012 的魔力，在玛雅人的暗示下，逐一判断出你偷走的数字是多少，一说一个准。你相信吗？ 你知道这是如何办到的吗？

197．母子的年龄

中级 难度星级：☆☆★★★ 知识点：计算

一天，华华和妈妈一起走在街上，遇见了妈妈的同事。妈妈的同事问华华今年几岁，华华说，妈妈比我大 26 岁，4 年后妈妈的年龄是我的 3 倍。你能猜出华华和她妈妈今年各多少岁吗？

198. 教授有几个孩子

中级　　难度星级：☆☆★★★　　知识点：计算

一天，一位数学教授去同事家做客。他们坐在窗前聊天，从庭院中传来一大群孩子的嬉笑声。

客人就问："你有几个孩子？"

主人："那些孩子不全是我的，那是四家的孩子。我的孩子最多，弟弟的其次，妹妹的再次，叔叔的孩子最少。他们吵闹成一团，因为他们不能按每队 9 人凑成两队。可也真巧，如果把我们这四家孩子的数目相乘，其积数正好是我们房子的门牌号，这个号码你是知道的。"

客人："让我来试试把每一家孩子的数目算出来。不过要解这个问题，已知数据还不够。请告诉我，你叔叔的孩子是一个呢，还是不止一个？"

于是主人回答了这个问题。客人听后，很快就准确地计算出了每家孩子的数目。你在不知道主人家门牌号码和他叔叔家是否只有一个孩子的情况下，能否算出这道题呢？

199. 神奇数表

中级　　难度星级：☆☆★★★　　知识点：归纳思维

有如下图所示的 5 张表，你在心里想一个数，这个数不能超过 31。现在请你指出，你想的这个数，都在哪个表中有，那么我就会知道你想的数是多少。

这个表是怎么制出来的呢？

1	9	17	25
3	11	19	27
5	13	21	29
7	15	23	31

A

2	10	18	26
3	11	19	27
6	14	22	30
7	15	23	31

B

4	12	20	28
5	13	21	29
6	14	22	30
7	15	23	31

C

8	12	24	28
9	13	25	29
10	14	26	30
11	15	27	31

D

16	20	24	28
17	21	25	29
18	22	26	30
19	23	27	31

E

200. 猜猜这个数字是几（1）

中级　　难度星级：☆☆☆★★　　知识点：平分

放学后，小明回到家中，和爸爸玩起了游戏。这个游戏很好玩，爸爸从 1 至 1024 中任意选择一个整数，记在心中。然后如实回答小明提出的 10 个问题，小明总能猜出爸爸想的数字是什么。你知道这10 个问题是如何设计的吗？

201. 猜猜这个数字是几（2）

中级　　难度星级：☆☆★★★　　知识点：计算

有一个整数数字，它在 1 ~ 36 之间；它是个奇数，可以被 3 整除；个位数与十位数相加和在 4 ~ 8 之间；个位数与十位数相乘积也在 4 ~ 8 之间。

你知道这个数字是多少吗？

202. 猜猜这个数字是几（3）

中级　　难度星级：☆☆★★★　　知识点：发散思维

有一个数字，去掉第一个数字是 16，去掉最后一个数字是 90，请问这个数字是多少？

203. 奇妙的数列

中级　　难度星级：☆☆★★★　　知识点：归纳思维

下图中的这个数列很奇妙，需要注意的是，最后一个圆圈中是"7"而不是"8"。你能找出它的规律吗？请填上问号处空缺的数字。

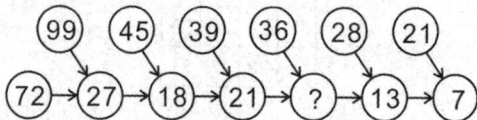

204. 猜生日

中级　　难度星级：☆☆★★★　　知识点：计算

在 1993 年的某一天，小张过完了他的生日，并且此时他的年龄正好是他出生年份的 4 个数之和。你能推算出小张是哪一年出生的吗？

205. 有趣的组合

中级　　难度星级：☆☆★★★　　知识点：计算

幼儿园有 10 个小朋友，老师让他们每人从 0 ~ 9 这 10 个数字中取一个数字。取完之后，小朋友分成了两边：一边有 4 个、一边有 6 个。老师看了之后，兴奋地说："太巧了，4 个小朋友可以组成一个四位数，正好是某个两位数的 3 次方；而另外 6 个小朋友组成的 6 位数，是这个数的 4 次方。"你能猜出这个两位数是多少吗？

206. 聪明程度

高级　　难度星级：☆★★★★　　知识点：逻辑思维

1987 年的某一天，伦敦《金融时报》刊登了一个很怪异的竞赛广告。这个广告要求参与者寄回一个 0 ～ 100 之间的整数，获胜条件是你选择的这个数，最接近全体参与者寄回的所有数的平均值的 $\frac{2}{3}$。获胜者将获得两张伦敦到纽约的飞机头等舱的往返机票。

如果你是这个竞赛的参与者，你会选哪个数呢？

第九章

一笔画

一笔画问题是一个简单的数学游戏，也是一个几何问题。简单地说，如果一个图形可以用笔在纸上连续不断而且不重复地一笔画成，那么这个图形就叫一笔画。

我们常见的一笔画问题，是确定平面上由若干条直线或曲线构成的一个图形能否一笔画成，使得在每条线段上都不重复。例如汉字"日"和"中"字都可以一笔画，而汉字"田"和"目"则不能。当然，如果运用一些特殊的方法，比如采用对折纸张的方法，也是可以画出"田"和"目"的一笔画的。这要看题目的具体要求了。

下面列举一个一笔画的例子。

在古希腊的很多建筑上都有一种特殊的符号，如下图所示，它是由一个圆和若干个三角形组成的。

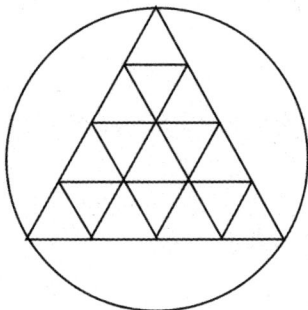

请问，这个图形可以一笔画出，且任何线条都不重复吗？该怎么画？

这就是一个一笔画问题，它可以一笔画出，方法如下图所示。

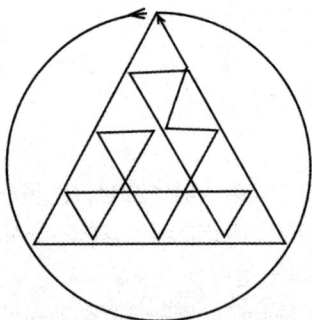

早在 18 世纪，瑞士的著名数学家欧拉就找到了一笔画的规律。欧拉认为，能一笔画的图形首先必须是连通图，也就是说一个图形各部分总是有边相连的。

但是，并不是所有的连通图都可以一笔画成，能否一笔画成是由图中奇偶结点的数目来决定的。

数学家欧拉找到一笔画的规律如下。

（1）凡是全部由偶结点组成的连通图，一定可以一笔画成。画时可以把任一偶结点作为起点，最后一定能以这个点为终点画完此图。

（2）凡是只有两个奇结点的连通图（其余都为偶结点），一定可以一笔画成。画时必须把一个奇结点作为起点，另一个奇结点为终点。

（3）其他情况下的图都不能一笔画出。（如果图中有偶数个奇结点，除以二便可算出此图需几笔画成。）

207. 七桥问题

中级　　难度星级：☆☆★★★　　知识点：欧拉图

在哥尼斯堡的一个公园里，有 7 座桥将普雷格尔河中的两座小岛及岛与河岸连接起来（如下图所示）。图中 A、D 是两座小岛，B、C 是河流的两岸。

问是否可能从这 4 块陆地中任意一块出发，恰好通过每座桥一次，再回到起点？

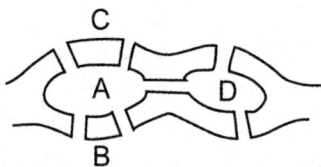

208. 欧拉的问题

中级　　难度星级：☆☆★★★　　知识点：欧拉图

如下图所示，要求你一笔画出由黑线勾勒出的完整图样。

你能画出全部 11 幅图吗？如果不能，哪一幅图画不出？

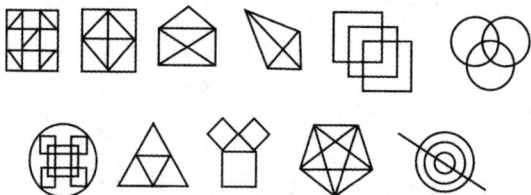

209. 正十二面体

高级　　难度星级：☆★★★★　　知识点：路径

下面是一个正十二面体的图形。现在要求你从其中的一个顶点出发，沿着它的棱，寻找出一条路径，恰好经过所有的顶点一次，最后回到出发点。你能找出这样的路径吗？

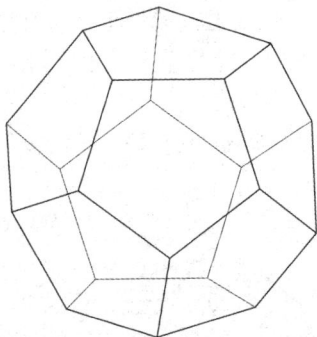

210. 聚会地点

中级　　难度星级：☆☆★★★　　　知识点：几何知识

7 个好朋友分别住在下图中的 7 个不同的位置（用圆圈表示，直线为路），他们想找一个离大家都最近的地方聚会。请问该把聚会地点定在哪里？

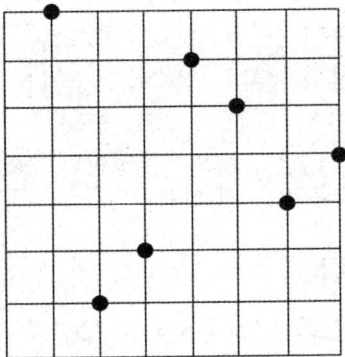

211. 笔不离纸

高级　　难度星级：☆★★★★　　知识点：折叠

如下图所示，桌上有一张 A4 的白纸，请你在笔不离开纸的情况下，把下面这个图形画出来，要求不能重复已有的线条。你知道该怎么画吗？

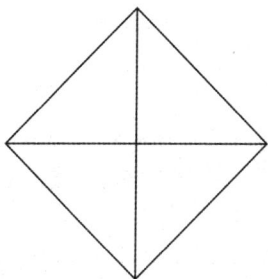

212. 一笔画正方形

中级　　难度星级：☆☆☆★★　　知识点：一笔画

如下图所示，拿一支铅笔，你能一笔画过这 5 个正方形吗？要求不能重复画过的线，也不能穿过画好的线。

213. 一笔画（1）

中级　　难度星级：☆☆★★★　　知识点：一笔画

如下图所示，请用一笔把下面这个图形画出来。你知道该怎么画吗？

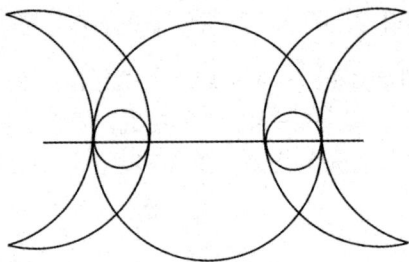

214. 一笔画（2）

中级　　难度星级：☆☆★★★　　知识点：一笔画

如下图所示，请用一笔把下面这个图形画出来。你知道该怎么画吗？

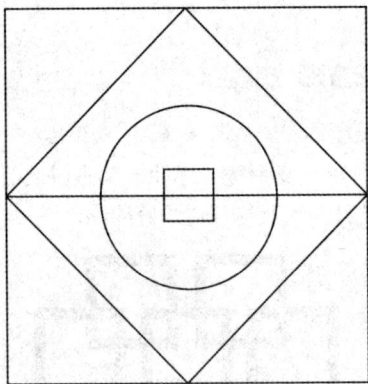

215. 一笔画（3）

中级　　难度星级：☆☆★★★　　知识点：一笔画

如下图所示，下面哪个图形不需要穿越或者重复其他线条就可以一笔在纸上画出来？

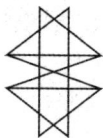

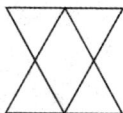

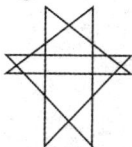

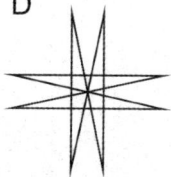

216. 一笔画（4）

中级　　难度星级：☆☆★★★　　知识点：一笔画

如下图所示，你能一笔画出下面图形吗？要求没有任何交叉和重复的线条。

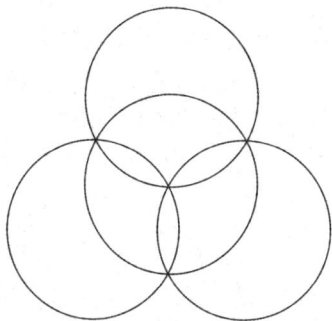

217. 送货员的路线

中级　　难度星级：☆☆★★★　　知识点：路径

如下图所示，小明是一个送货员，每天他都从中心的五角星处出发，给各个圆圈处的客户送货，然后返回到五角星处。请你帮他设计好一个送货路线，使他送完所有的货物而不走冤枉路。你知道他该怎么走吗？

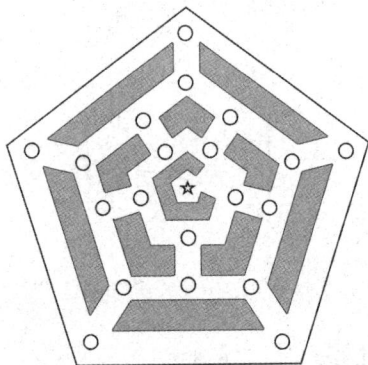

218. 巡逻

中级　　难度星级：☆☆★★★　　知识点：路径

如下图所示，一个小镇上有3横4竖共7条街道，一名警察需要每天巡逻这些街道，一条也不能落下。请你帮他设计最佳的路线，使他走的冤枉路最少。你知道该怎么设计吗？

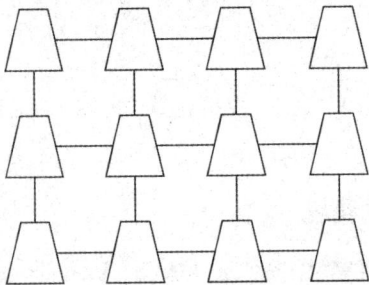

219. 保安巡逻

中级　　难度星级：☆☆★★★　　知识点：路径

如下图所示，这是一个展览馆的平面图，上面标明了有 8×8 共 64 个房间，A、B、C、D、E 是 5 个保安的位置。每天下午 6 点整，钟楼的钟声会敲响，A 就得穿过房间从 a 出口出去，同样，B 从 b 出口出去，C 从 c 出口出去，D 从 d 出口出去，然后 E 需要从目前的位置走到 F 标记的房间。

上面的规定说不上有什么道理，但是自作聪明的巡逻队长还要求 5 个巡逻队员走的路线绝对不准相交，也就是任何一个房间都不允许有一条以上路线穿过，也不可以遗漏任何一个房间；巡逻队员从一个房间到另一个房间都必须经过图上所标识的门。

你能帮巡逻队员们找出他们各自的路线吗？

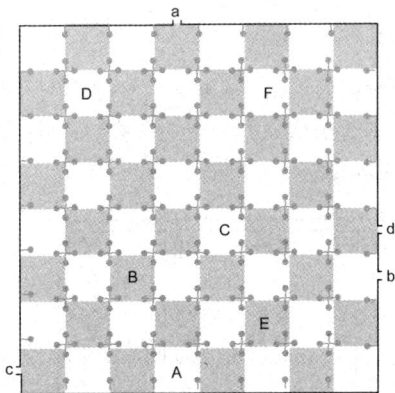

220. 巡视房间

中级　　难度星级：☆☆★★★　　知识点：路径

有一个警卫，要在如下图所示的 15 个房间巡视，每两个相邻的房间之间都有门相连。他从入口处进来，需要走遍所有的房间，并且每个房间只可以进出一次，最后走到最里边的管理室。你知道他该怎么走吗？

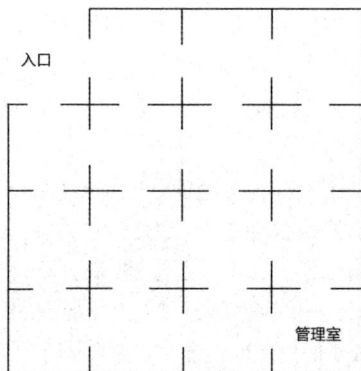

入口

管理室

221. 如何通过

中级　　难度星级：☆☆★★★　　知识点：路径

如图所示，这是一幅从办公室上方看到的平面图。你能只转向2次就通过所有的房间吗？

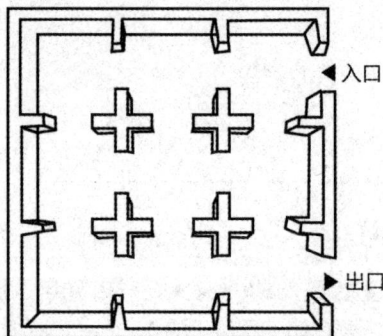

◀入口

▶出口

222. 寻宝比赛

中级　　难度星级：☆☆★★★　　知识点：路径

某电视台组织了一次寻宝比赛，寻找藏在 Z 城的宝物。所有的人先在 A 城集合，然后参赛者们分头去除 A 和 Z 城以外的其他 9 个城镇寻找线索。每一个城镇都有一条线索，只有把这些线索集中在一起，才会知道那件宝物藏在 Z 城的什么位置。而且有个要求，就是每个城镇只能去一次，不能重复。只有巧妙地安排自己的路线，才能顺利地从 A 城到达 Z 城。下图是 11 个城镇的分布图，城镇与城镇之间只有唯一的一条道路相连。

请问该怎么走呢？

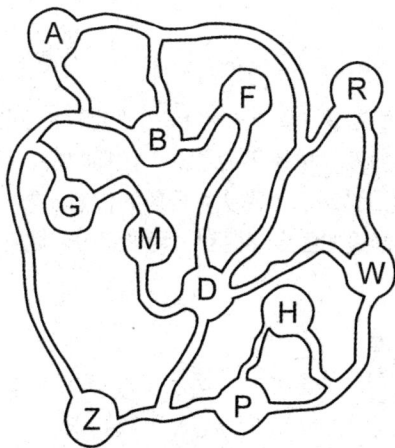

223. 消防设备

中级　　难度星级：☆☆★★★　　知识点：路径

如下图所示，有 9 座仓库，为了防火需要在其中的两座仓库分别放置一套防火设备，这样凡是与该仓库直接相连的仓库也可以就近使用。请问，这两套防火设备需要放在哪里？

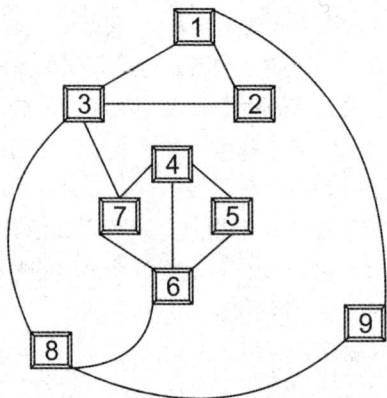

224. 猫捉鱼

中级　　**难度星级：☆☆★★★**　　**知识点：路径**

这只是一个游戏，鱼是不会动的，但猫要捉到所有的鱼也不是那么简单的。如下图所示，猫从1号鱼的位置出发，沿黑线跑到另一条鱼的位置，最终把鱼全部捉到，要求同一个地方不能去第二次。它该怎么走？

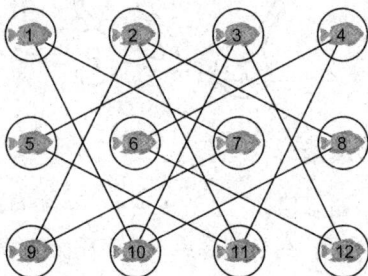

225. 寻找骨头

中级　　难度星级：☆☆★★★　　知识点：路径

如下图所示：每间房里都有一块骨头。小狗一次吃完所有的骨头后，从 A 门出来。请问小狗从 1 ～ 8 中的哪扇门进去，才不会走重复路线（每间房只允许进出各一次，并且不许从相同的一扇门进出）？帮小狗想一想该怎么走。

提示：从唯一的出口 A 门倒着向前寻找路线，这样成功率就大一点儿。

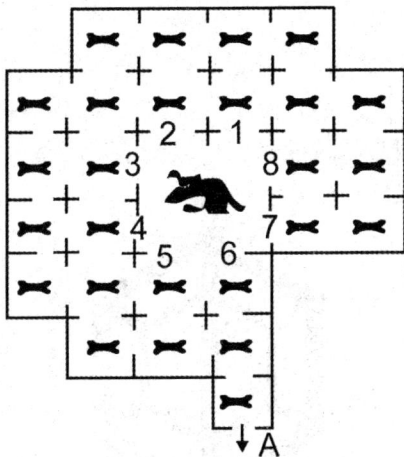

226. 有向五边形

中级　　难度星级：☆☆★★★　　知识点：路径

如下图所示，这个图形中，每条边都只能沿一个方向走。你能找出一条可以经过全部 5 个点的路径吗？

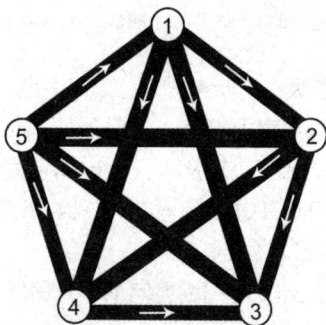

227. 殊途

中级　　难度星级：☆☆★★★　　知识点：路径

如下图所示，这个难题有一个规则：只能沿着箭头所指的方向走。你能根据规则找到多少条从入口到出口的路径？

228. 爬行的蜗牛

中级　　难度星级：☆☆☆★★　　知识点：路径

一只蜗牛在下面的格子中爬行。它从 1 号格子出发，只允许爬向与它横向或者纵向相邻的格子中，现在它想把整个格子都爬一遍，其中一些格子已经标好了它第几步爬到该格子中，你能把它其余几步都用数字标出来吗？

8			1
			2
12		4	3

229. 偶数路径

高级　　难度星级：☆★★★★　　知识点：路径

从标有"起点"的圆到标有"终点"的圆只有一条路允许走，这条路要求走过偶数个路段。你能找出可行的最短路径吗？

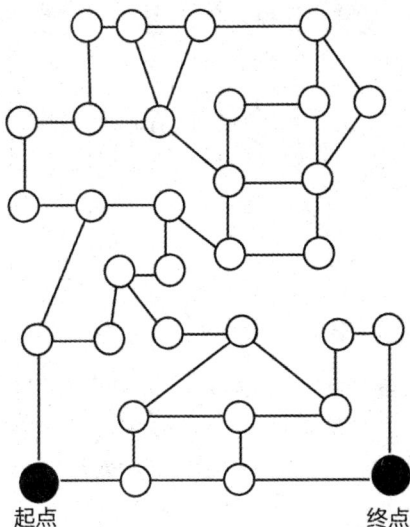

起点　　　　　　　　　　　　　终点

230. 路径谜题（1）

中级   难度星级：☆☆★★★   知识点：路径

如下图所示，依照图中的箭头方向，从起点走到终点共有多少种走法？

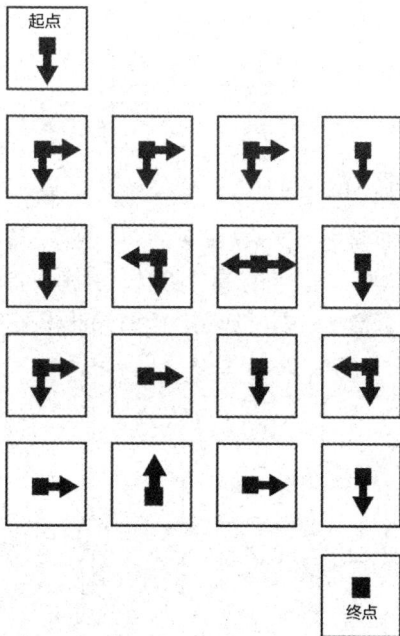

231. 路径谜题（2）

中级   难度星级：☆☆★★★   知识点：路径

如下图所示，从图中的任何一个角出发，沿着给定的路径，找出 5 个连续的数字，使得这 5 个数字的和最大。你能把这 5 个数字找出来吗？

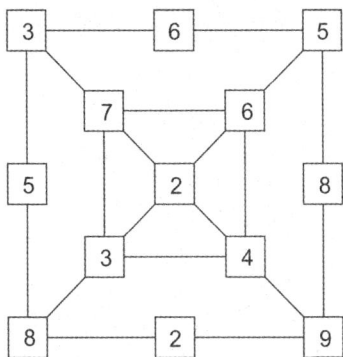

232. 车费最低

中级　难度星级：☆☆★★★　知识点：路径

如下图所示，点点家住 A 村，他要到 B 村的奶奶家，乘车路线有多种选择，交通工具不同，所需要的车费也就不同。图中标出的数字是各段的车钱（单位：元）。点点到奶奶家最少要花多少元？走哪条路线？

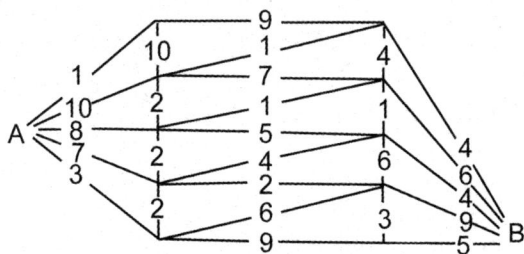

233. 穿越迷宫

中级　难度星级：☆☆★★★　知识点：路径

如下图所示，下面这个迷宫很有趣，你只能沿着给定的方向走，请问从开始到结束，一共有多少条不同的路线可走？

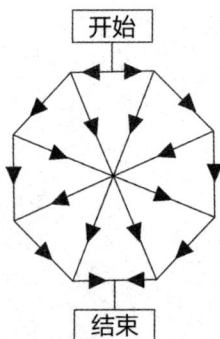

234. 几条路径

中级　　难度星级：☆☆★★★　　知识点：路径

如下图所示，从下图中左上角的位置沿着给定的路径（只允许向右或者向下走），最终走到右下角的位置，所经过的数字为 9 个，请问这 9 个数字的和是 30 的路径有哪几条？

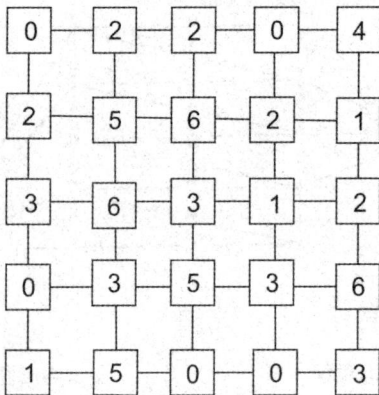

235. 数字路径

中级　　难度星级：☆☆★★★　　知识点：路径

如下图所示，从下图中左上角的位置沿着给定的路径（只允许向右或者向下走），最终走到右下角的位置，所经过的数字为 9 个，请问这 9 个数字的和是 40 的路径有哪几条？

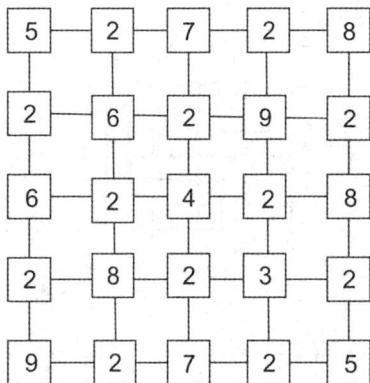

236. 路径（1）

中级　　难度星级：☆☆☆★★　　知识点：路径

如下图所示，从 A 点到 F 点一共有多少条不同的路径？（每段都不可以重复通过。）

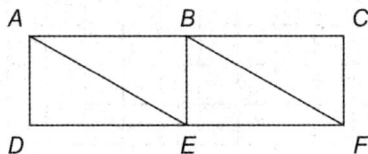

237. 路径（2）

高级　　难度星级：☆★★★★　　知识点：路径

如示例图所示，从开始处到结束处连出一条路径，路径只能沿着横向或者纵向前进，而且每一行每一列中路径经过的格数已经在旁边标明了。你能根据这些数字在下图中找出这条完整的路径吗？

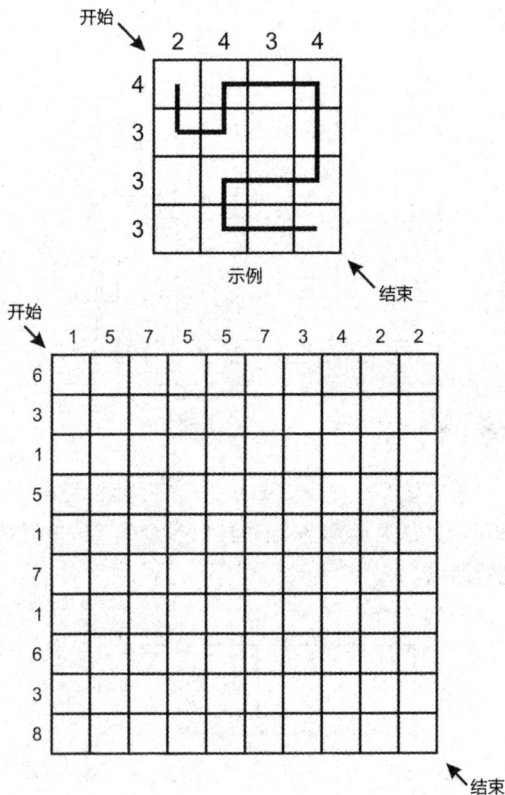

示例

238. 不同的路径

中级　　难度星级：☆☆★★★　　知识点：路径

穿越这个格子城只有一个要求，那就是不能绕远。那么从入口到出口一共有多少条不同的路径可走？

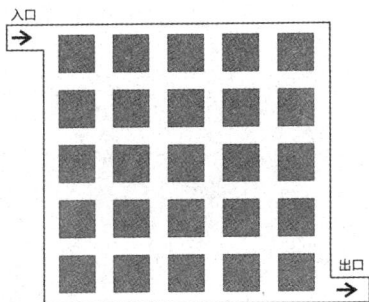

239. 染色问题

中级　　难度星级：☆☆★★★　　知识点：树形图

地图的着色上有个四色原理，就是任何一个地图，都可以用4种颜色将相邻的两块地区区分开。如下图一个地区，分为5个区域，现在用4种颜色给它着色，要求相邻地区不得使用同一种颜色。请问不同的着色方法共有多少种？

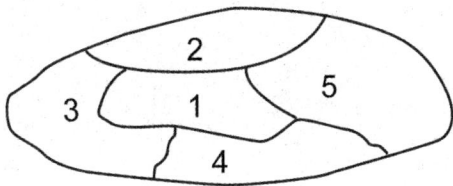

第十章

数图形

数图形问题，就是在一个稍显复杂的图形中，数出某种图形的个数。这是一类非常有趣的图形问题，也是经典的逻辑思维问题。由于这类题目中，图形相互重叠交叉，经常会千变万化，错综复杂。所以准确地数出其中包含的某种图形的个数，还是有一定难度的。

我们在数线段、角、三角形、长方形、平行四边形的过程中，当一个图形的组成有一定规律时，我们可以按规律来数，如果没有明显的规律我们就按一定的顺序数（先数单个图形，再数两个单个图形组成的组合图形……），这样才能做到不重复、不遗漏。

下面列举一个数图形的例子。

如下图所示，数出图中共有多少个三角形。

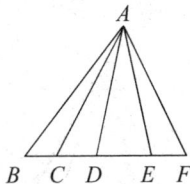

在本题中，要数出三角形的个数可以采取按边分类的方法，也可以采取按基本图形组合的方法来数。

比如，以 AB 为边的三角形有 ABC、ABD、ABE、ABF，共 4 个；以 AC 为边的三角形有 ACD、ACE、ACF，共 3 个（需要按顺序数，

不要算上 ACB，那样会导致重复）；以 AD 为边的三角形有 ADE、
ADF，共 2 个；以 AE 为边的三角形有 AEF，共 1 个。所以图中共有
三角形 4+3+2+1=10（个）。

如果按照基本图形组合的方法来数，那么把图中单个图形的三
角形看作基本图形：由一个基本三角形构成的三角形有 4 个；由两
个基本三角形构成的三角形有 3 个；由 3 个基本三角形构成的三角
形有 2 个；由 4 个基本三角形构成的三角形有 1 个。所以图中共有
三角形 4+3+2+1=10（个）。

另外，由于这种题目的特殊，还可以有一种数图形的方法，就
是数 BF 这条线段中包含有多少条线段。因为每一条线段都恰好对应
一个三角形，也可以得出正确的结果。

所以，要想不重复也不遗漏地数出图形的个数，就必须要运用逻
辑思维，有次序、有条理地数，从中发现规律，以便得到正确的结果。

数图形问题可以培养我们做事认真、仔细、耐心、有条理的好
习惯，所以我们不妨时常做些相关的练习。

240. 数三角形（1）

中级   难度星级：☆☆★★★   知识点：数图形
仔细观察下图，数出图中共有多少个三角形？

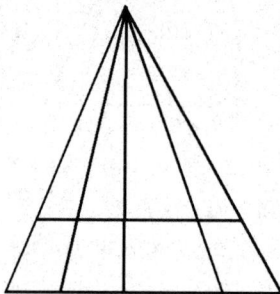

241. 数三角形（2）

中级　难度星级：☆☆★★★　知识点：数图形

仔细观察下图，数出图中共有多少个三角形？

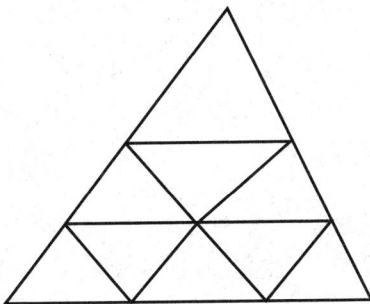

242. 数三角形（3）

中级　难度星级：☆☆★★★　知识点：数图形

仔细观察下图，数出图中共有多少个三角形？

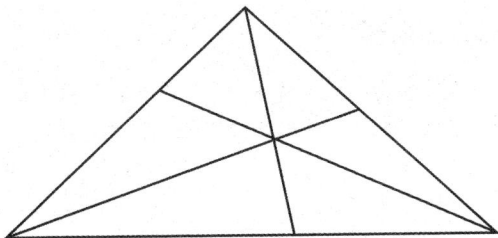

243. 数三角形（4）

中级　难度星级：☆☆★★★　知识点：数图形

仔细观察下图，数出图中共有多少个三角形？

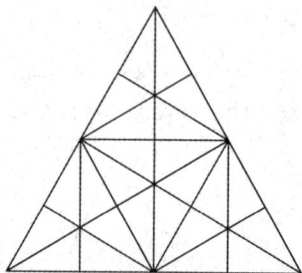

244. 数三角形（5）

中级　　难度星级：☆☆★★★　　知识点：数图形

数一数，下图的 4 个图形中，分别有多少个三角形？

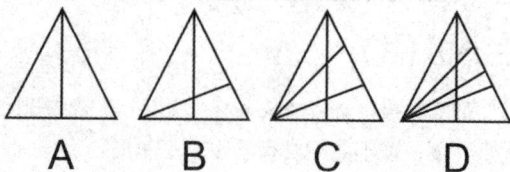

A　　　B　　　C　　　D

245. 数等边三角形

中级　　难度星级：☆☆★★★　　知识点：数图形

数一数，图中一共有多少个大小不等的等边三角形？

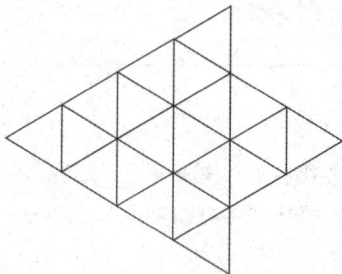

246. 数正方形（1）

中级　难度星级：☆☆★★★　知识点：数图形

仔细观察下图，数一数图中大小正方形一共有多少个？

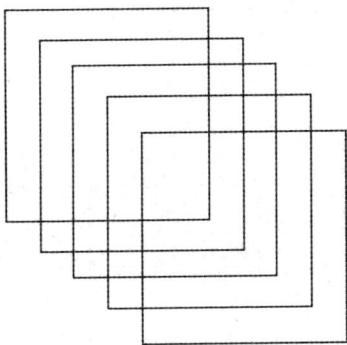

247. 数正方形（2）

中级　难度星级：☆☆★★★　知识点：数图形

仔细观察下图，数一数图中大小正方形一共有多少个？

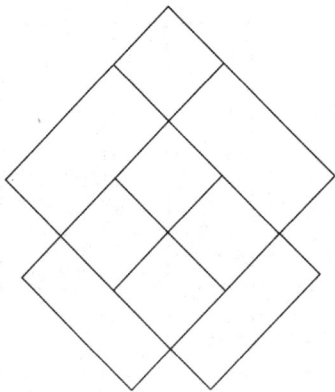

248. 数正方形（3）

中级　　难度星级：☆☆★★★　　知识点：数图形

仔细观察下图，数一数图中大小正方形一共有多少个？

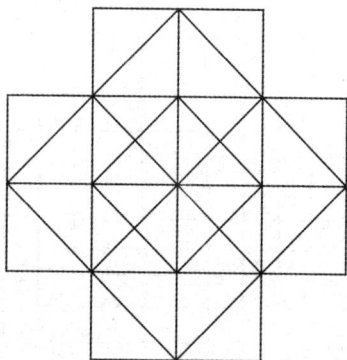

249. 数正方形（4）

中级　　难度星级：☆☆★★★　　知识点：数图形

仔细观察下图，数一数图中大小正方形一共有多少个？

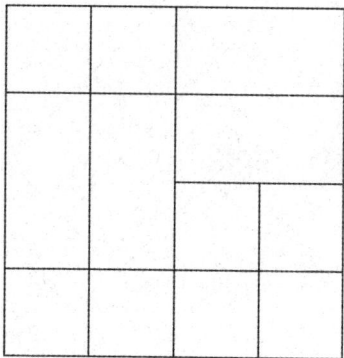

250. 数正方形（5）

中级　　难度星级：☆☆★★★　　　知识点：数图形

仔细观察下图，数一数图中大小正方形一共有多少个？

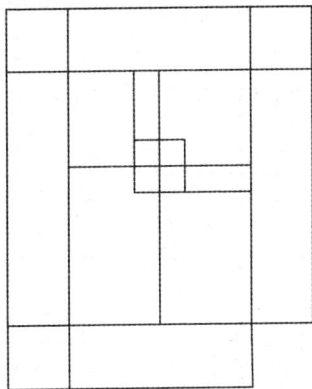

251. 数正方形（6）

中级　　难度星级：☆☆★★★　　　知识点：数图形

仔细观察下图，数一数图中大小正方形一共有多少个？

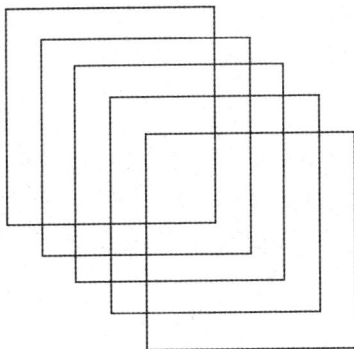

252. 数正方形（7）

中级　　难度星级：☆☆★★★　　知识点：数图形

仔细观察下图，数一数图中大小正方形一共有多少个？

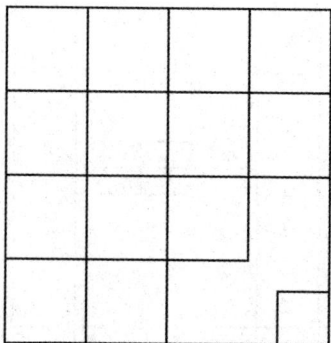

253. 加三角形

中级　　难度星级：☆☆★★★　　知识点：轮廓

下面图中有 4 个等边三角形，你能再加入一个等边三角形，使它变成 14 个等边三角形吗？

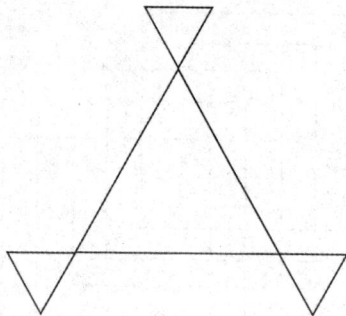

254. 数六边形

中级　难度星级：☆☆★★★　知识点：数图形

仔细观察下图，数一数图中一共有多少个六边形？

255. 数长方形（1）

中级　难度星级：☆☆☆★★　知识点：数图形

仔细观察下图，数一数图中一共有多少个长方形？

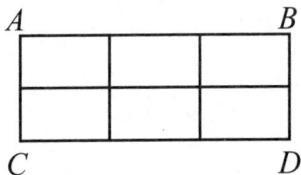

256. 数长方形（2）

中级　难度星级：☆☆☆★★　知识点：数图形

仔细观察下图，数一数图中一共有多少个长方形？

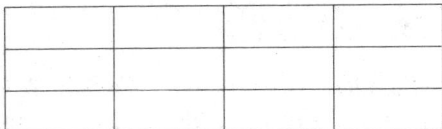

257. 数长方形（3）

中级　　难度星级：☆☆★★★　　知识点：数图形

仔细观察下图，数一数图中一共有多少个长方形？

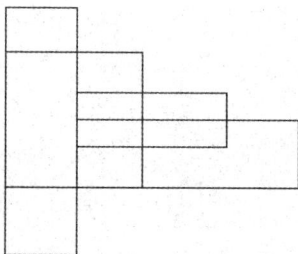

258. 挖正方体（1）

初级　　难度星级：☆☆☆☆★　　知识点：立体思维

　　在一个边长为 3 的大正方体的 6 个面中心，分别挖掉一个边长为 1 的小正方体，请问挖完以后，大正方体的表面积增加了多少？

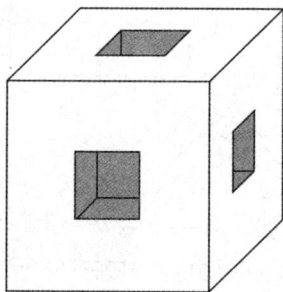

259. 挖正方体（2）

初级　　难度星级：☆☆☆☆★　　知识点：立体思维

　　在一个边长为 3 的大正方体的 6 个面中心，分别挖掉一个边长为1的小正方体，请问挖完以后，大正方体剩下部分的体积为多少？

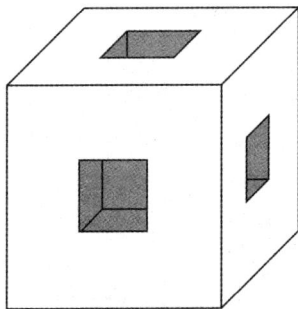

260. 挖正方体（3）

初级　　难度星级：☆☆☆☆★　　知识点：立体思维

在一个边长为 3 的大正方体的上面、前面和右面的中心，分别向对面打穿一个边长为 1 的小方孔，请问挖完以后，大正方体剩下部分的体积为多少？

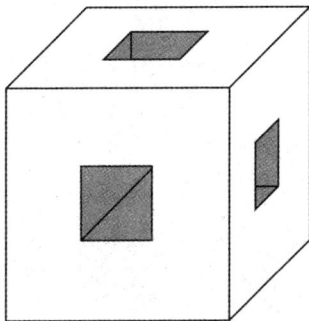

第十一章

图形分割

分割问题，就是我们常见的一些别具特色的几何作图问题。通过图形的分割与拼合，满足题目的不同要求。这类问题趣味性强，想象空间广阔，而且一般都很巧妙，不需要很复杂的计算，但是需要我们有扎实的几何知识，有较强的分析问题、探索问题的能力。经常练习，对提高我们的思维能力是大有裨益的。

下面列举一个分割问题的经典题目。

请把下面图中的图形（任意三角形）分成面积相等的 4 等份。

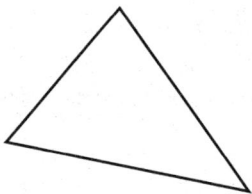

答案如下图所示：连接三边的中点即可。

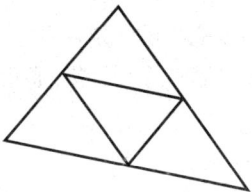

对于这种分割问题，往往我们在看到问题的时候一头雾水，不好下手，而在看到答案时则恍然大悟。其实，过程比结果更重要，我们一定要学会思考和解决问题的方法。

对于平分图形的问题，一般我们有以下技巧。

如果是实物，可以利用重心原理。把物体吊起来，待物体平衡时画出重心所在的一条垂直线，即可把物体质量平分。

如果是纸上的图形，一般有以下几种常用的方法。

（1）利用平行的等底同高的性质进行等积变换。

（2）利用全等图形进行等积变换。

（3）利用对称性进行图形变形。

（4）如果图形不规则，那么先要将其分割成规则图形再进行变形。

经常做这些练习，就是为了培养数学思维。数学思维包括数学观念、数学意识、数学头脑、数学素养，准确地说是指推理意识、抽象意识、整体意识和化归意识。而培养良好的逻辑思维和严谨的推理是学好几何的关键。

对一个问题认识得越深刻，解法就越简洁。所以我们在遇到类似的问题时，尽可能设计出最简单、最巧妙的优质分割方案。这样，图形的创造和图形的美就会在对几何分割问题的不断探究和认识的不断深化中产生。

261. 分成 6 份

中级　　难度星级：☆☆★★★　　知识点：分割图形

把下面图形沿虚线分成 6 份，要求每份的形状各不相同，而且都要含有 ABCDEF 6 个不同的字母。你知道该怎么分吗？

A	B	C	D	A	E
E	F	A	E	C	D
B	A	E	B	D	F
C	E	B	F	B	C
A	D	C	D	F	D
F	A	E	B	C	F

262. 拼正方形（1）

中级　难度星级：☆☆★★★　知识点：分割图形

把下面图形切成 3 份，然后组合在一起拼成一个正方形，你知道怎么切吗？

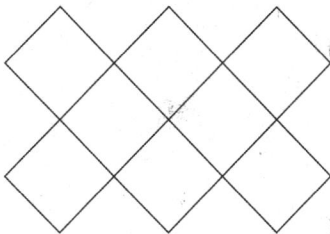

263. 拼正方形（2）

中级　难度星级：☆☆★★★　知识点：分割图形

把下面图形切成若干份，然后组合在一起拼成一个正方形，你知道怎么切吗？

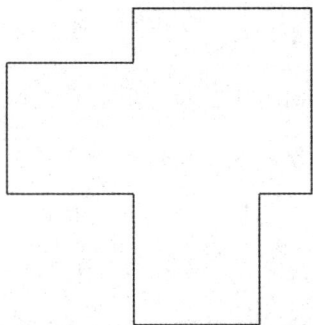

264. 拼正方形（3）

中级　　难度星级：☆☆★★★　　知识点：分割图形

把下面图形 4 刀切成 9 份，然后组合在一起拼成一个正方形，你知道怎么切吗？

265. 一变二

中级　　难度星级：☆☆★★★　　知识点：分割图形

把下面的这个中空的正方形分割成 5 份，再组合起来，最后形成两个大小相等、样子相同的小中空正方形。你知道该怎么分割吗？

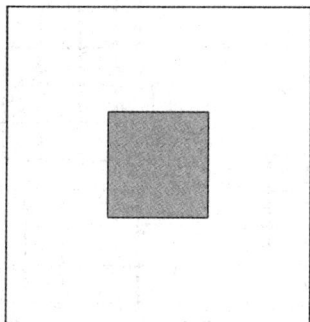

266. 二等分

中级　难度星级：☆☆★★★　知识点：分割图形

如下图所示，你能将下面图形分成大小、外形完全相同的两个小图形吗？

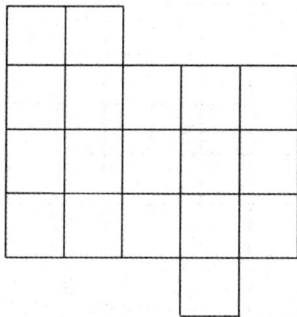

267. 3 等分

中级　难度星级：☆☆★★★　知识点：分割图形

如下图所示，你能将以下 3 个图形分成大小、外形完全相同的 3 个小图形吗？

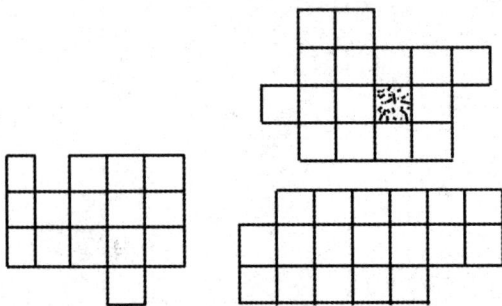

268. 平分图形

中级　　难度星级：☆☆★★★　　知识点：分割图形

如下图所示，你能否将该不规则图形分成两个相同的部分？

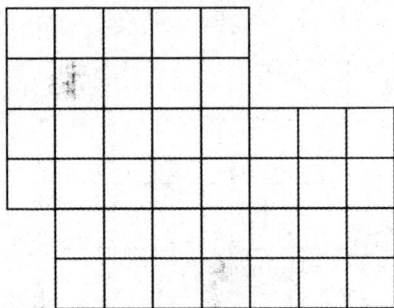

269. 分图形

中级　　难度星级：☆☆★★★　　知识点：分割图形

这是一道经典的几何分割问题。

请将这个图形分成 4 等份，并且每等份都必须是现在这个图形的缩小版。

270. 4等分图形

中级　　难度星级：☆☆★★★　　知识点：分割图形

如下图所示，雷雷必须将这个梯形分成 4 个相同的部分。你能告诉他该怎样做吗？

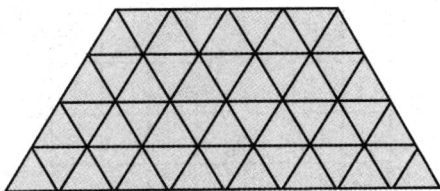

271. 4个梯形

中级　　难度星级：☆☆★★★　　知识点：分割图形

如下图所示，这是一个梯形，请把它分成 4 个完全一样的，与它形状相同但面积比它小的梯形。你知道该怎么分吗？

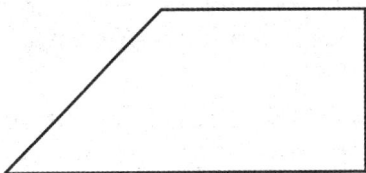

272. 如何切割拼出正方形

中级   难度星级：☆☆★★★   知识点：分割图形

如下图所示，左边是 7×10 的长方形（中间的 6 个格是空格），如何将剩余的 64 个格切割成两部分，使这两部分能拼出 8×8 的正方形？

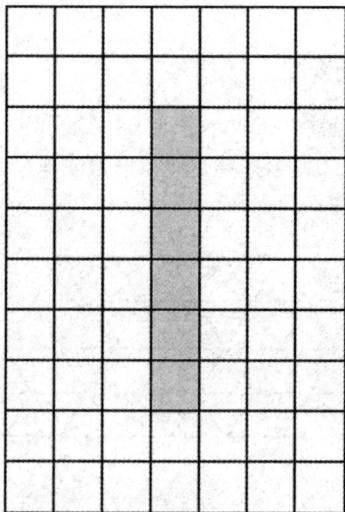

273. 丢失的正方形

高级   难度星级：☆★★★★   知识点：分割图形

把一张方格纸贴在纸板上，然后沿下边左图所示的直线切成 5 小块。当你照下边右图的样子把这些小块拼成正方形的时候，中间居然出现了一个洞！

我们数一下即可知道，左图的正方形是由 49 个小正方形组成的，而右图中却只有 48 个小正方形。哪一个小正方形没有了？它到哪儿去了?

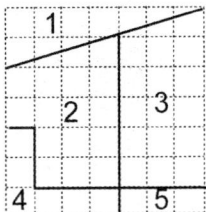

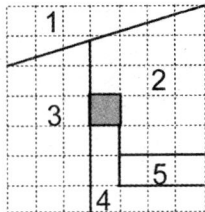

274. 怎么多了一块

中级　　难度星级：☆☆★★★　　知识点：分割图形

如下图所示的一个图形，为 8×8 的方格。现在按照图中黑线分成 4 部分，然后按下图方式拼成一个长方形。

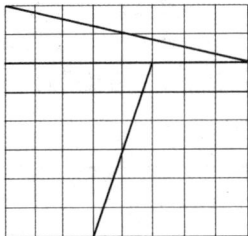

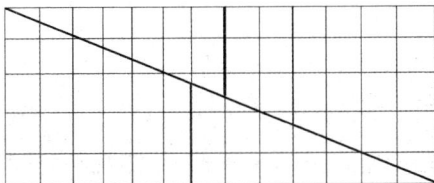

但是现在问题出现了，原来的 8×8=64 个方格，现在变成 5×13=65 个方格，为什么会多出一个呢?

275. 长方形变正方形

中级　　难度星级：☆☆★★★　　知识点：分割图形

如下图所示，这个长方形的长为 16 厘米，宽为 9 厘米，你能把它剪成大小相等、形状相同的两部分，然后拼成一个正方形吗？

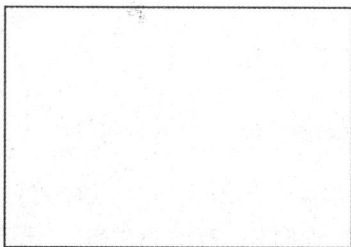

276. 切割双孔桥

中级　　难度星级：☆☆★★★　　知识点：分割图形

如下图所示，把图中的双孔桥切割两刀，然后拼成一个正方形，你知道怎么切割吗？

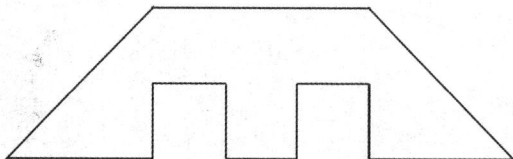

277. 拼桌面

中级　　难度星级：☆☆★★★　　知识点：分割图形

如下图所示，有一块木板，上面是一个等腰三角形，下面是一个正方形。你能在不浪费木料的情况下，把木板拼成一个正方形的桌面吗？

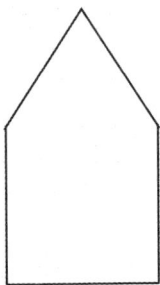

278. 裁剪地毯

高级　　难度星级：☆★★★　　知识点：分割图形

小明家有一个房间需要铺地毯，房间是一个三边各不相等的三角形。但是当妈妈去买地毯的时候，不小心把地毯剪错了。如果把这块地毯翻过来正好可以铺在这块地上（如下图所示），但是大家知道，地毯是有正面和反面的。没有办法了，只好把地毯剪开，重新组合成房间的形状。请问，怎么裁剪这块地毯，才能使地毯正面朝上，并且裁减的块数最少呢？

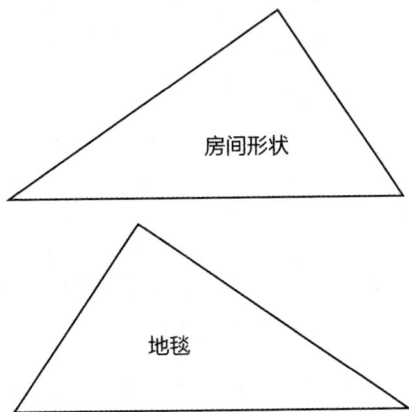

279. 切蛋糕

中级　　难度星级：☆☆★★★　　知识点：几何知识

如下图所示，有一个长方形蛋糕，切掉了长方形的一块（大小和位置随意），你怎样才能直直地一刀下去，将剩下的蛋糕切成大小相等的两块？

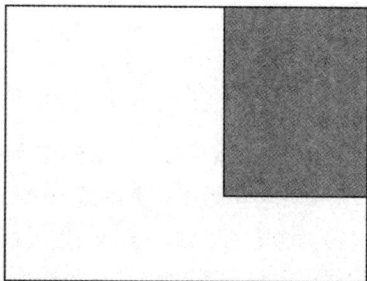

280. 分月亮

中级　　难度星级：☆☆★★★　　知识点：切割

如下图所示，请用两条直线把这个月亮图形分成 6 个部分，你知道该怎么分吗？

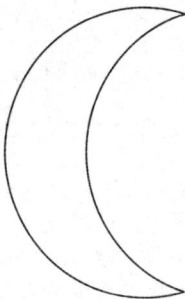

281. 幸运的切割

中级　　难度星级：☆☆★★★　　知识点：切割
你能否只用两刀就将这个马蹄形切成 6 块？

282. 兄弟分家

中级　　难度星级：☆☆★★★　　知识点：图形分割
一位老父亲去世了，给两个儿子留下了一块如下图所示形状的土地，你能否将这块土地分成大小相等，形状也相同的两部分？

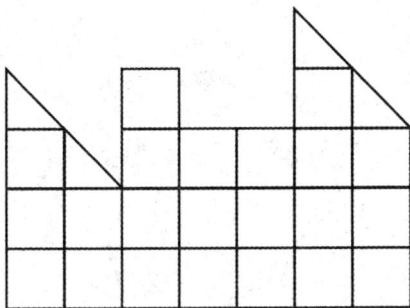

283. 分地

中级　　难度星级：☆☆★★★　　知识点：图形分割
一个财主，家里有一块地，形状如下图所示。他有 3 个儿子，儿子们长大后，财主决定把地分成 3 份给这 3 个儿子。3 个儿子关系不和，要求每个人的地不仅面积要一样大，形状也得相同。该怎样分呢？

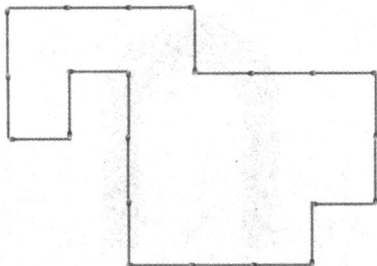

284. 修路

中级　　难度星级：☆☆★★★　　知识点：不交叉路径

如下图所示，在一个院子里住了 3 户人家，每户人家正对着的大门是自己家的门。

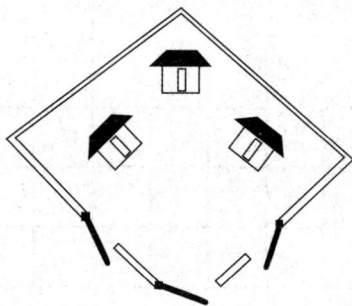

原来大家都是好邻居，但是后来因为一些小事吵了起来，所以 3 家决定各修一条小路通向自己家的大门，但是又不与其他两家的路有交叉。你有办法做到吗？

285. 平分 5 个圆

中级　　难度星级：☆☆★★★　　知识点：几何知识

如下图所示，图中有 5 个大小相等的圆，通过其中一个圆的圆心 A 画一条直线，把这 5 个圆分成面积相等的两部分，你知道怎么画吗？

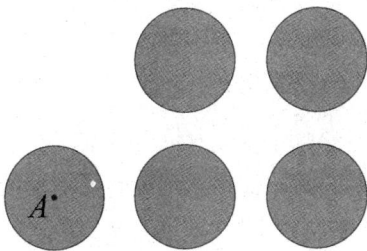

第十二章

点阵连线

点阵连线，是在给出的一些点上，按照特定的游戏规则，画出若干条直线，使其满足题目的要求。它也是一类非常经典的逻辑训练题。

著名的连线问题当然要数 9 点连线了，它的题目如下。

如下图所示，在平面上，有 3 行 3 列共 9 个点，排列如下。

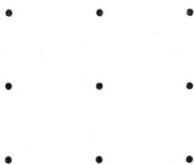

请问，如何用 4 条连续不断的直线把这 9 个点连起来？

答案如下图所示。

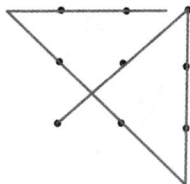

在 9 点连线问题中，我们的直觉是直线不能延伸到由 9 个点构成的大方格之外。但是没有人说这是一条规则，我们唯一的限制就

是我们脑海中自我设定的限制。所以，我们要打破这个限制，寻求最佳的解决方法。

这个经典的逻辑问题蕴涵了一个深刻的寓意，那就是——创造性思维通常意味着要在格子外思考。

如果你将自己的思维局限在9个点之内，那么这个问题就将成为不可能完成的任务。

创新也是如此，创造力不仅仅是灵机一动的结果，也不仅仅是各种奇思妙想，它还意味着把我们的思维从阻止它发散出去的束缚下解脱出来。我们不能局限于像9点构成的格子那样的陈规，绝不能让已有的知识成为创新的阻碍。

286. 4点1线

中级　　难度星级：☆☆★★★　　知识点：发散思维

如下图所示，下图中有10颗棋子，移动其中的3颗，让这10颗棋子连成5条直线，并且每条线都要经过4颗棋子。

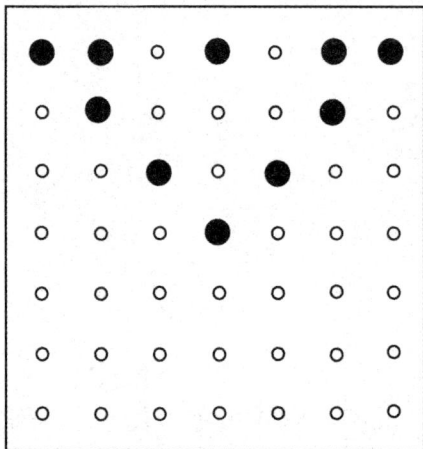

287. 12 点连线

中级　　难度星级：☆☆★★★　　知识点：发散思维

如下图所示，你能用一些线段连接这个由 12 个点形成的闭合图形，而且不让笔离开纸面吗？至少需要几条线段？

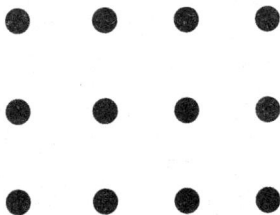

288. 16 点连线

中级　　难度星级：☆☆★★★　　知识点：发散思维

如下图所示，请用 6 条相连的直线把图中的 16 个点连接起来。

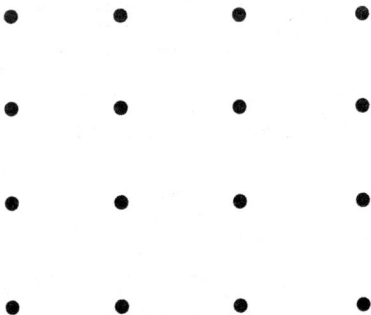

289. 连线问题

中级　　难度星级：☆☆★★★　　知识点：发散思维

在 9 个点上画 10 条直线，要求每条直线上至少有 3 个点。这 9

个点应该怎么排列？

290. 摆棋子

中级　难度星级：☆☆★★★　知识点：发散思维

把10枚棋子如下图样式摆成两行，每行5枚。然后移动其中一行的3枚棋子，再移动另一行的1枚棋子，使这些棋子排成5排，每排要有4枚棋子。棋子不能叠放。你知道怎么移动吗？

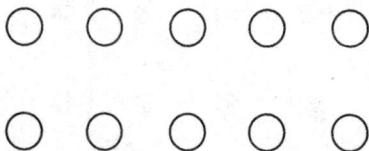

291. 画三角形

高级　难度星级：☆★★★★　知识点：几何知识

经过3点画三角形很容易，现在要求A、B、C三点必须落在所画的三角形的三边中点处，你知道这个三角形怎么画吗？

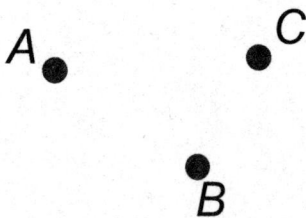

292. 连顶点

中级　难度星级：☆☆★★★　知识点：连顶点

如下图所示，用直线连接一个正三角形的3个顶点，要求每个点都要经过，而且必须形成一个闭合曲线，只有一种连法。而连接正方形的 4 个顶点，则有 3 种连法；连接正五边形的 5 个顶点，有 4 种连法……

请问，如果连接正六边形的 6 个顶点，会有多少种连法呢？

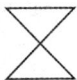

293. 切点

中级　　难度星级：☆☆★★★　　知识点：发散思维

下面是 3 个相切的圆，它们有 3 个切点，如下图中的黑点所示。现在想要得到 6 个切点，请问至少需要几个圆相切？如果想得到 9 个切点呢？

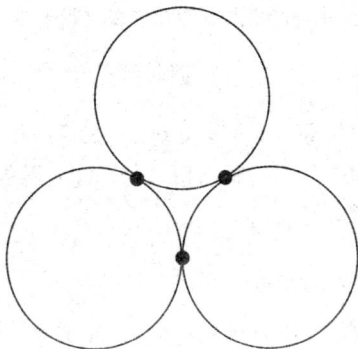

294. 连点画方

中级　　难度星级：☆☆★★★　　知识点：几何知识

如下图所示，下面有 25 个排列整齐的圆点，连接某些点可以画出正方形。请问一共可以画出多少种大小不同的正方形呢？

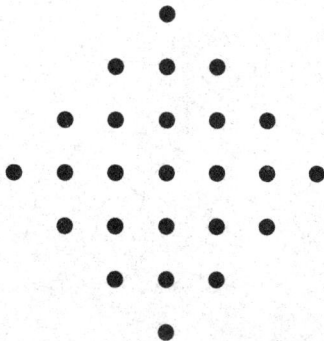

295. 栽树（1）

高级　　难度星级：☆★★★★　　知识点：发散思维

把 27 棵树栽成 9 行，每行有 6 棵，且要使其中的 3 棵树单独栽在 3 个远离其他树木的地方。你知道该怎么栽吗？

296. 栽树（2）

高级　　难度星级：☆★★★★　　知识点：发散思维

把 27 棵树栽成 9 行，每行有 6 棵，而且要保证这些树构成 3 个小树林，你知道该怎么栽吗？

297. 栽树（3）

高级　　难度星级：☆★★★★　　知识点：发散思维

把 12 棵树栽成 7 行，要求每行 4 棵，你知道该怎么栽吗？

298. 迷宫

中级　　难度星级：☆☆☆★★　　知识点：迷宫

如下图所示，你能帮助迷宫中心的小明找到出口吗？

出口

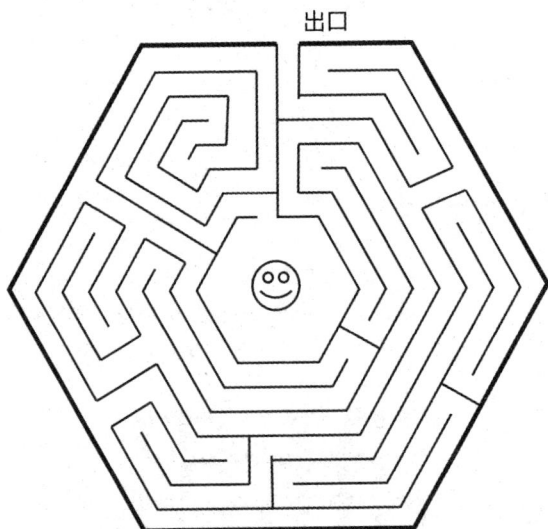

299. 印刷电路（1）

中级　　难度星级：☆☆★★★　　知识点：不交叉路径

印刷电路是二维的图。图中的交点能实现电子操作，而电线将电信号从一处传送到另一处。如果电线相交，就会发生短路，装置也将失灵。

如下图所示，你能连接这块电路板上标有相同数字的 5 对电路，而不让任何电线相交吗？连接的电线必须都在区域内。

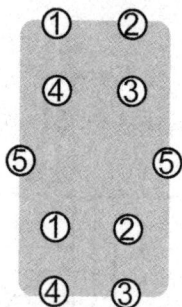

300. 印刷电路（2）

中级　　难度星级：☆☆★★★　　知识点：不交叉路径

如下图所示，你能否画 5 条线来连接 5 对有编号的电路？所有的连线必须沿着方格的黑线，而且任意两条连线不能相交。

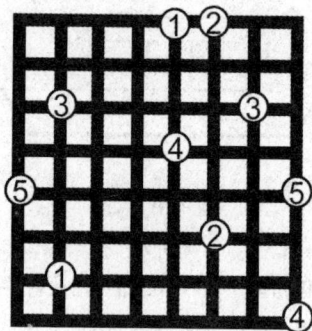

301. 印刷电路（3）

中级　　难度星级：☆☆★★★　　知识点：不交叉路径

如下图所示，你能否画 8 条线来连接 8 对电路？所有的连线必须沿着方格的黑线，而且任意两条连线不能相交。

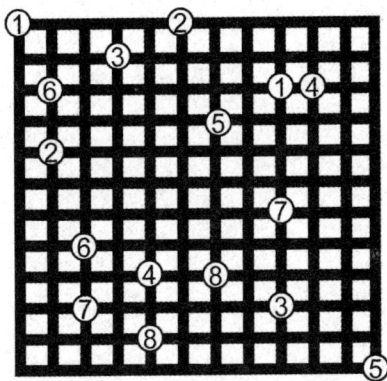

302. 连正方形

中级　　难度星级：☆☆★★★　　知识点：几何知识

如下图所示，用一个正方形把给出的 4 个圆圈连起来，让这些圆圈都在正方形的 4 条边上。你知道该怎么连吗？

303. 最短距离

中级　　难度星级：☆☆★★★　　知识点：展开图

如下图所示，在一个圆锥形物体上的 A 点处爬着一只蚂蚁，它想从圆锥上绕一圈再回到 A 点，请问图中给出的路线是它的最短距离吗？

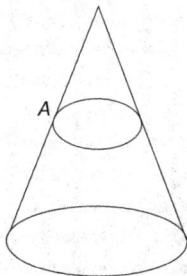

304. 最短路线

中级　　难度星级：☆☆★★★　　知识点：展开图

有一个正方体的屋子，在一个角处有一只蜘蛛，它想爬到对角处那个角上去，你能帮它设计出一条最短的路线吗？

305. 画三角

中级　　难度星级：☆☆★★★　　知识点：分割

如下图所示，在下图中加入 3 条直线，使形成的三角形数量最多，你知道怎么加吗？

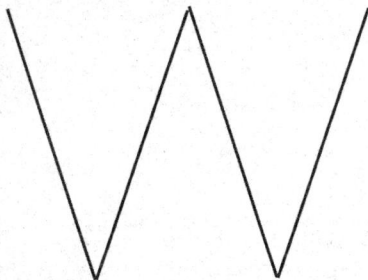

306. 5个三角形

中级　　难度星级：☆☆★★★　　知识点：分割

如下图所示，在下图中添加3条直线，使图中出现5个小三角形（三角形内部不能有多余的线）。你知道怎么做吗？

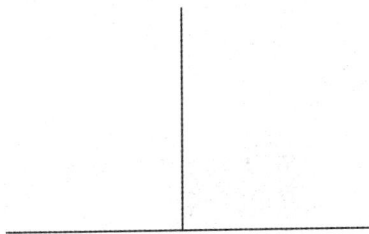

307. 5个变10个

中级　　难度星级：☆☆★★★　　知识点：分割

如下图所示，图中的五角星包含5个三角形（只由3条边围成，内部没有多余的线）。请在这个图上添两条线，让三角形变成10个。当然，新的三角形内部也不能有多余的线。

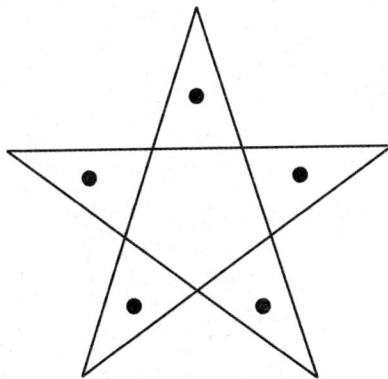

308. 重叠的面积

中级　　难度星级：☆☆★★★　　知识点：几何知识

如下图所示，这个直角三角形的直角顶点正好与正方形的中心重合，请问当三角形绕着正方形的中心旋转的时候，重叠的面积什么时候最大？

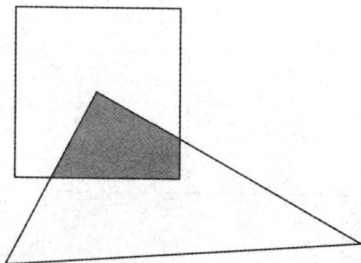

309. 齿轮

中级　　难度星级：☆☆☆★★　　知识点：物理知识

如下图所示，假设下面的 4 个齿轮中，A 和 D 都有 60 个齿，B 有 10 个齿，C 有 30 个齿。请问 A 与 D 谁转得更快一些？

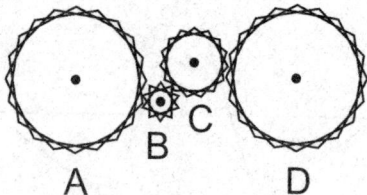

310. 传送带

中级　　难度星级：☆☆★★★　　知识点：物理知识

如下图所示，这是一组通过传送带相连的齿轮，请问，如果左上角的齿轮顺时针旋转，其他几个轮子分别怎么旋转呢？

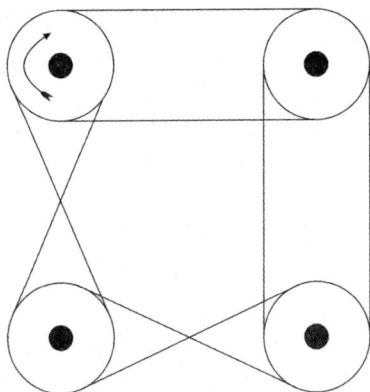

311. 运动轨迹

中级　　难度星级：☆☆★★★　　知识点：轨迹

如下图所示，在一个平面上有一个圆圈，圆圈的正上方有一个黑点。请问：如果这个圆圈在平面上滚动的话，这个黑点的运动轨迹是什么样的？

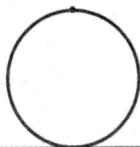

第十三章

棋盘游戏

棋盘游戏，是指在一个 $n×n$ 的方格内，或者黑白相间的国际象棋的棋盘中，将一些黑色或白色的棋子按照一定的规律，通过排列、移动、连线等方式，锻炼我们分析和解决问题能力的一类逻辑益智题目。

下面列举一个经典的棋盘游戏。

我们知道，在国际象棋中，"骑士"这个棋子的走法很奇特，只能往前后左右移动一格后，再往斜方向移动一格。

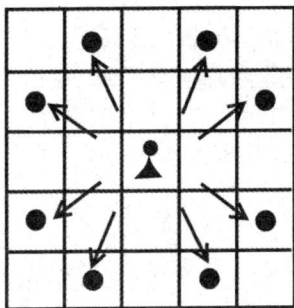

那么，你能用"骑士"在一个 8×8 的国际象棋棋盘上，将每一格都恰好走过，不许重复，也不遗漏，然后再回到出发点吗？该怎么走呢？

这道题非常难！除了下图中给出的答案还有许多走法，即使你没有回到原点，只要走遍了所有格子，也可以算正确！大家可以亲身实践一下。

国际象棋的棋盘在我们的生活中非常常见，这就给棋盘游戏带来了很大的可操作性。即使你身边没有国际象棋的棋盘，你也可以在一张白纸上画出 $n×n$ 的方格来进行游戏，一点儿也没有影响。

大多数棋盘游戏都可以按照国际象棋或者围棋的走法和规则进行游戏，有些还做了适当的调整和改编，使得游戏更加复杂和有趣。它们对锻炼我们的想象力、记忆力、思考力等逻辑思维能力大有益处，我们不妨在没事的时候多多练习一下。

312. 调换位置

中级　　难度星级：☆☆★★★　　知识点：逻辑思维

下图是一个棋盘，它有两种棋子，一种是半圆形，另一种是五角星，现在想要把两种棋子的位置对调，而每个棋子只可以滑动到空白位置，请问怎么做才能把两种棋子完全对调位置呢？

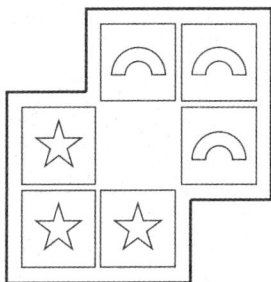

313. 对调位置

中级　　难度星级：☆☆★★★　　知识点：逻辑思维

6个方格中放着5颗棋子，现在要将"兵"和"卒"的位置对调一下。不准把棋子拿起来，只能把棋子推到相邻的空格，要推动几次以后，就能达到目的？车、马、炮不要求回原位。

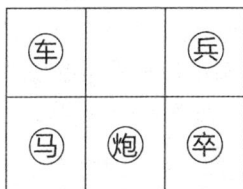

314. 寻宝

高级　　难度星级：☆★★★★　　知识点：逆向思维

这是一幅寻宝地图。寻宝者在每一个方格只能停留一次，但通过的次数不限；到每一个方格后，下一步必须遵守其箭头的方位和跨度指示行走（如4↓表示向下走4步，4↗表示沿对角线向右上走4步）；有王冠的方格为终点。请问4个角哪里是寻宝的起点呢？在寻宝过程中，有些方格始终没有停留，这些方格会呈现出一个两位数，是什么数呢？

315. 藏起来的宝石

高级　　难度星级：☆★★★★　　知识点：逻辑思维

在下面的表格中，隐藏了若干颗宝石，其数量如同表格边的数字所揭示。此外，在某些方格中标记了箭头的符号，这些地方没有宝石。而箭头所指的方向藏有宝石，当然在这个方向藏着的宝石可能不止一颗。看看你能找到多少颗宝石吧！

316. 胡萝卜在哪里

中级　　难度星级：☆☆★★★　　知识点：逻辑思维

在下面表中有几只兔子，每只兔子都有一根胡萝卜，这根胡萝卜就在兔子的身旁（不在兔子的对角线位置）。同时，两根胡萝卜也不能相邻（也不允许在对角线位置）。位于每行和每列的胡萝卜数目已经标示在表格旁了，每只兔子的食物都在哪里呢？

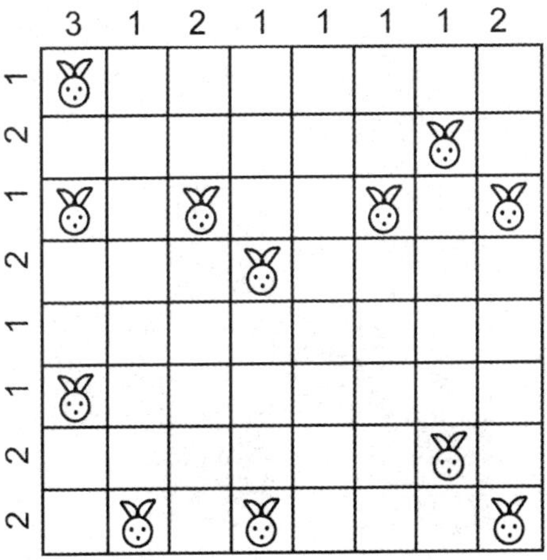

317. 操场位置

中级　　难度星级：☆☆★★★　　知识点：逻辑思维

如下图，在一个 5×5 的方格中，站着几个人。上面有一些数字，这些数字表示当前空格的周围站着几个人。例如"0"表示该格周围没有人。你能运用自己的智慧，将所有人正确标示在方格中吗？

	2			
			0	
	2	2		1
			1	
1				

318. 骑士巡游

中级　　难度星级：☆☆★★★　　知识点：逻辑思维

国际象棋里的"骑士"的走法相信大家都清楚，就是"L 形步"，即横走一竖走二或者竖走一横走二。下面图中的"骑士"想 11 步走遍剩下的 11 个空格，你知道该怎么走吗？（有多种走法。）

319. 走遍全世界

中级　　难度星级：☆☆★★★　　知识点：逻辑思维

如下图所示，这个游戏很简单，你只需要把棋子走遍所有的格子然后再回到原来位置即可。但是要注意，棋子每次只能向它的上下或者左右移动一格，且路线不能重复，即一个格子不允许通过多次。请画出它的行动路线吧。

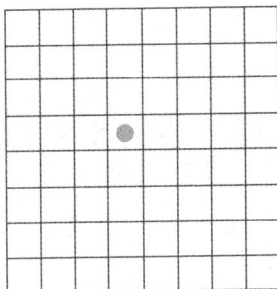

320. 走马观花

中级　　难度星级：☆☆★★★　　知识点：逻辑思维

小明去植物园看牡丹花，今年的牡丹花非常漂亮，小明不想错过任何一盆，于是他决定制订一个观花路线。如下图所示，黑点处为起点，白色圆圈处为终点。小明要如何设计路线，才能使观花路线不重复，且只用21条直线就可以全部参观完呢？

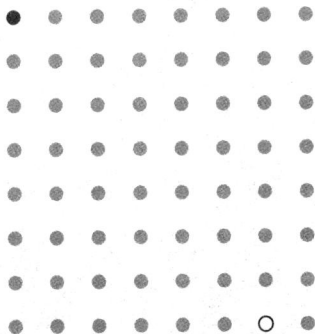

321. 走遍天下

中级　　难度星级：☆☆★★★　　知识点：逻辑思维

如下图所示，这是一个标准的国际象棋棋盘。假设在右上角的格子里有一个皇后，想要让它走遍所有的格子，且每个格子只能穿过或进入一次，那么皇后至少要走几步才能走完这个棋盘？

322. 皇后巡游

中级　　难度星级：☆☆★★★　　知识点：逻辑思维

如下图所示，这是一个标准的国际象棋棋盘。假设在右上角的格子里有一个皇后，如果要让皇后进行一次回到起点的巡游，且每个格子只能进入或者经过一次，而且最后巡游的路线所组成的图形还要是个中心对称图形，你知道怎么走吗？

323. 象巡游

中级　　难度星级：☆☆★★★　　知识点：逻辑思维

大家知道，国际象棋中的象只能斜着走，而且只能在同种颜色的格子内行动。如下图所示，现在假设有一只象在左上角的黑色格子里，每个格子只能进入或经过一次，那么它最多可以进入多少个黑色格子？

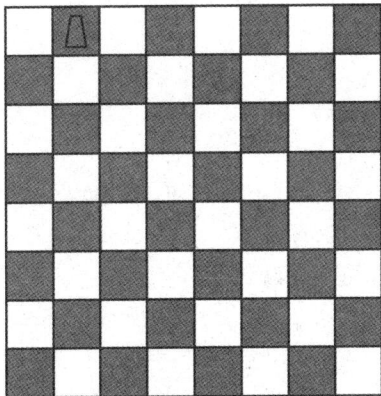

324. 车的巡游

中级　　难度星级：☆☆★★★　　知识点：逻辑思维

在国际象棋中，车只能横着走或者竖着走，格数不限。现在要求车要走遍所有的格子，且每个格子只能进入或者经过一次，起点在左下角的梯形处，而终点在左上角的五星处，请问最少要走多少步才能完成巡游？

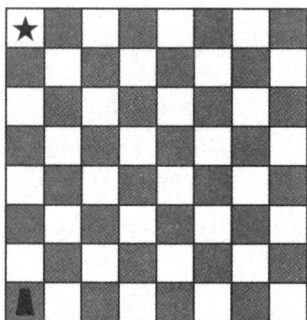

325. 看不见

中级　　难度星级：☆☆★★★　　知识点：逻辑思维

如下图所示，在这个网格中，放入 8 个人，人只能放在黑点的位置。而且要让这 8 个人相互都看不见（两个人如果在同一条直线上则被认为是能看见对方）。

你知道人该放在哪里吗？

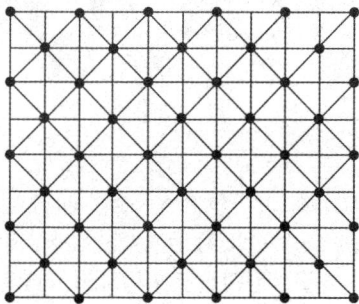

326. 谁的红旗

中级　　难度星级：☆☆★★★　　知识点：逻辑思维

如下图所示，在下面的网格中有 8 面小红旗，每面小红旗都有它的主人。请你把 8 个人填入到这些小红旗旁边（只能上下或者左右），并且每一行或者每一列的人数应该与旁边的数字相同。你知道这 8 个人应该在哪里吗？

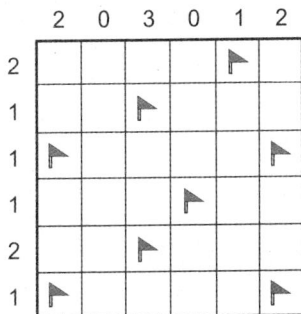

327．放五角星

中级　　难度星级：☆☆★★★　　知识点：逻辑思维

如下图所示，在下面的棋盘中放入 16 个五角星，使得无论水平方向、竖直方向还是斜向，都没有 3 个五角星连成一条直线。你知道怎么做吗？（有两个五角星的位置已经给出。）

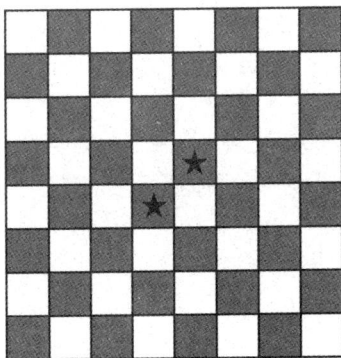

328. 字母位置还原

高级　　难度星级：☆★★★★　　知识点：逻辑思维

如下图所示，在下面这个网格里的每行每列都含有 A、B、C、D4 个字母以及两个空格，网格的四面会有一些提示，黑箭头表示沿着箭头方向遇到的第一个字母是该字母，而白箭头表示沿着箭头方向遇到的第二个字母是该字母。你能把所有的字母位置还原吗？

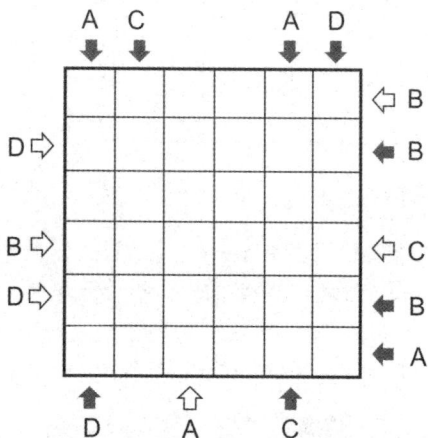

329. 放皇后

高级　　难度星级：☆★★★★　　知识点：逻辑思维

大家知道，国际象棋中的皇后既可以直着走，又可以沿对角线斜着走。在图中的各个棋盘中，最多可以放入几个皇后，才能保证皇后之间不能互吃？该如何放？

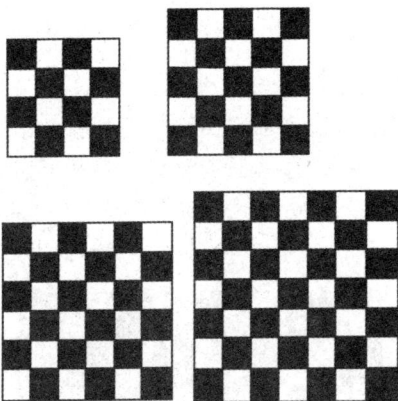

330. 摆象

高级　　难度星级：☆★★★★　　知识点：逻辑思维

如下图所示，在一个标准的国际象棋棋盘里，最多可以摆多少个象，才可以保证这些象不能互吃？

下面这种摆法摆了 12 个象，请问还有更多的摆法吗？

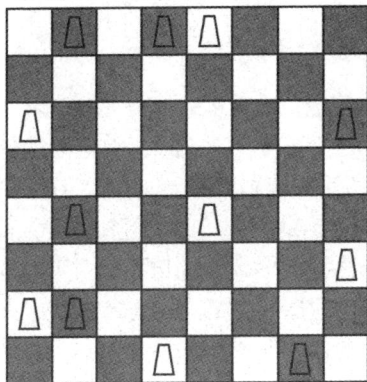

331. 国王

高级　　难度星级：☆★★★　　知识点：逻辑思维

国际象棋中国王的走法比较特殊，它只能走上、下、左、右或者斜向一格。如下图所示，这是一个国际象棋的棋盘，请在这个棋盘上摆放若干个国王，要求这些国王能够进入棋盘上的所有格子，包括由国王占据的格子。请问，这样至少要摆多少个国王？

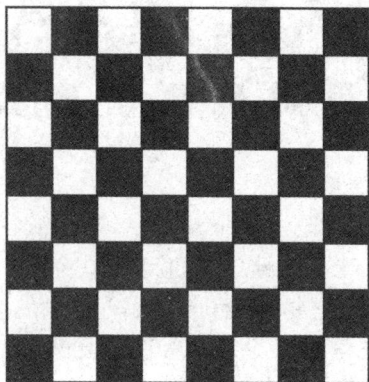

332. 正方形钉板

中级　　难度星级：☆☆★★★　　知识点：几何知识

钉板是一块规则地钉满钉子的木板，可以用来学习和理解多边形的面积关系。下面是一种较常见的正方形钉板，要求用直线在这些钉子上连出一条闭合的图形，这个图形的每个顶点都必须在钉子上，每个钉子只允许使用一次，而且相邻的两条边不能在同一条直线上。如下图所示，这是一个在 4×4 的钉板上，连出了 9 个顶点的图形。请问你是否可以连出一个有 16 个顶点的图形？

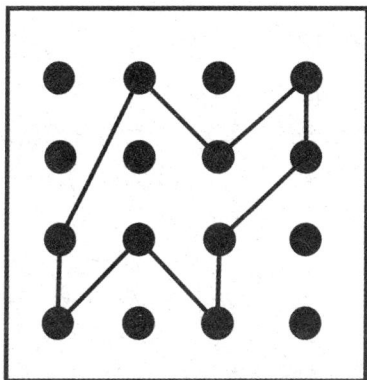

333. 三角形钉板

中级　　难度星级：☆☆★★★　　知识点：几何知识

如下图所示，请你在下面这些三角形钉板上，用尽可能多的钉子，连出一个闭合的，每个顶点都在钉子上的多边形（每个钉子只能用一次）。你知道怎么连吗？

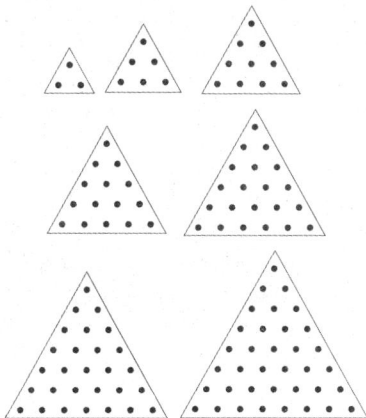

334. 正六边形钉板

中级　　难度星级：☆☆★★★　　知识点：几何知识

如下图所示，请你在下面这些正六边形钉板上，用尽可能多的钉子，连出一个闭合的，每个顶点都在钉子上的多边形（每个钉子只能用一次）。你知道怎么连吗？

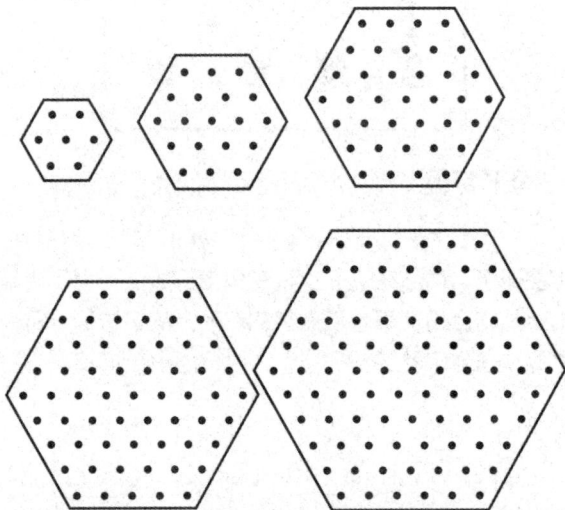

335. 连成四边形

中级　　难度星级：☆☆★★★　　知识点：几何知识

如下图所示，用 3×3 的钉板可以连出 16 种不同的四边形，请用下面的钉板把这 16 种图形都标出来吧。你知道怎么连吗？

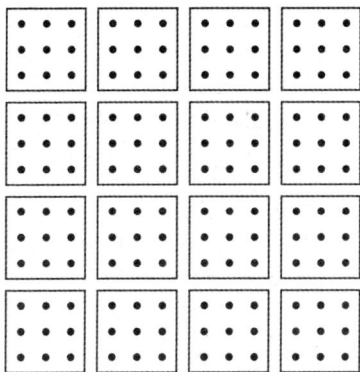

336. 4等分钉板

中级　　难度星级：☆☆★★★　　知识点：几何知识

如下图所示，把一个 3×3 的钉板 4 等分有很多种方法，你能找出至少 10 种吗？

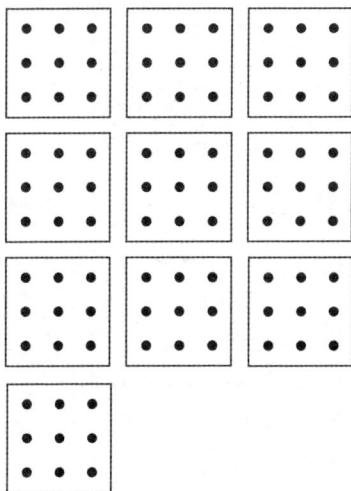

337. 多米诺骨牌（1）

中级　　难度星级：☆☆★★★　　知识点：平铺

如下图所示，每一张多米诺骨牌上都有两个数字，从（0-0），（0-1）一直到（6-6），其中数字相同，但顺序不同的骨牌是同一张，例如（2-3）与（3-2）是同一张。这样算下来一共有28块不同的骨牌。请把这28块不同的骨牌放在下面的棋盘上，使这些骨牌都能找到自己对应的位置。你会做吗？

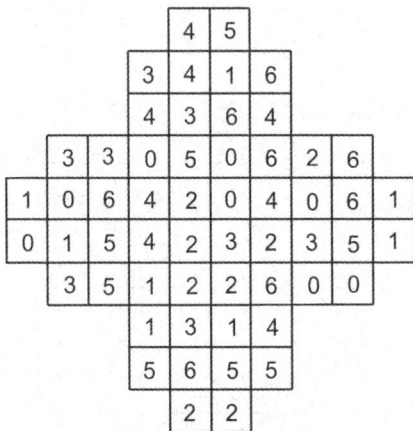

			4	5					
		3	4	1	6				
		4	3	6	4				
	3	3	0	5	0	6	2	6	
1	0	6	4	2	0	4	0	6	1
0	1	5	4	2	3	2	3	5	1
	3	5	1	2	2	6	0	0	
		1	3	1	4				
		5	6	5	5				
			2	2					

338. 多米诺骨牌（2）

中级　　难度星级：☆☆★★★　　知识点：平铺

如下图所示，每一张多米诺骨牌上都有两个数字，从（0-0），（0-1）一直到（6-6），其中数字相同，但顺序不同的骨牌是同一张，例如（2-3）与（3-2）是同一张。这样算下来一共有28块不同的骨牌。请把这28块不同的骨牌放在下面的棋盘上，使这些骨牌都能找到自己对应的位置。你会做吗？

			2	2					
		5	5	4	3				
		6	2	5	1				
	5	0	0	1	4	1	6	0	
2	6	3	3	2	1	2	0	6	3
4	1	1	6	1	3	3	3	1	0
	0	4	5	0	4	4	5	2	
		5	3	0	4				
		6	6	2	5				
		6	4						

339. 多米诺骨牌（3）

中级　　难度星级：☆☆★★★　　知识点：平铺

下面是一个不规则的网格图，现在要求你用1×2的多米诺骨牌把这些网格覆盖满，你知道怎么覆盖吗？

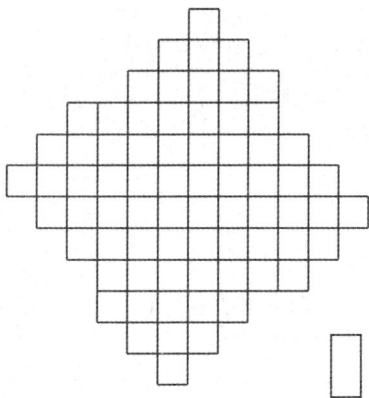

第十四章

纸牌游戏

　　纸牌又叫扑克牌，是一种非常常见且古老的休闲游戏。这种游戏方式，因为其制作和携带都非常方便，是一种老少咸宜的娱乐方式。早在楚汉相争时期，韩信为了缓解远征士兵的思乡之愁，发明了一种木牌游戏，据说就是扑克牌的雏形。后来，这种游戏形式通过丝绸之路传入西亚，在13世纪流入欧洲，并最终演化成现在的扑克牌。

　　扑克牌在世界上迅速流行起来，玩法也多种多样。

　　下面随便列举一个简单的纸牌游戏。

　　1个庄家对战5个闲家，庄家手里只剩一张Q了，5个闲家的顺序和牌分别如下。

　　甲：3、4、K。

　　乙：J、J。

　　丙：3、4、Q。

　　丁：9、9。

　　戊：10、10、Q。

　　规则是K最大，3最小，可出单张或对子，由甲先出牌，然后乙、丙、丁、戊、庄家、甲……这样的顺序轮流下去。一家出完所有牌之后，如果没人管得上，则他下一家可以出牌。

　　请问5个闲家能否把手里的牌全部出完而获胜？

闲家的出牌方法和顺序如下，即可获胜。

甲：4。

丙：Q。

甲：K。

甲：3。

丙：4。

丁：9。

戊：Q。

戊：10、10。

乙：J、J。

丙：3。

丁：9。

我们知道，常见的纸牌大部分为数码牌，中国的玩法通常是高点数胜低点数，或以特殊组合牌型取胜，此二原则仍为两大派别中计算胜负的标准。

我们这里的纸牌游戏，都是把现实中的扑克牌放到书面上，在文字中运用想象力和逻辑思维来解决问题。当然，如果你想更加形象一些，可以拿出一副牌来亲手操作一番，也别有一番滋味。

340. 一道关于扑克的推理题

高级　　难度星级：☆★★★★　　知识点：策略思维

一副牌洗牌后，把52张牌从左到右正面朝上排列。现在你和你的朋友轮流拿牌，每次只能在最左端或最右端拿一张牌。52张牌全部拿完后，把两个人手里的牌分别加起来（J、Q、K分别代表11、12、13），谁的牌加起来最大，谁就是胜利者，大小一样则算平局。

如果是你先拿的话，你能想出一个不败的策略吗？

341. 5打1

高级　　难度星级：☆★★★★　　知识点：策略思维

1个庄家对战5个闲家，庄家手里只剩一张Q了，5个闲家的顺序和牌分别如下。

甲：3、4、K。

乙：J、J。

丙：3、4、Q。

丁：9、9。

戊：10、10、Q。

规则是K最大，3最小，可出单张或对子，由甲先出牌，然后乙、丙、丁、戊、庄家、甲……这样的顺序轮流下去。

请问5个闲家能否把手里的牌全部出完并获胜？

342. 残局

高级　　难度星级：☆★★★★　　知识点：策略思维

甲、乙两人打牌进入残局。

甲：王、A、A、A、K、K、K、J、J、J、J、8、8、6、6、4、4。

乙：2、2、Q、Q、Q、9、9。

规则：几张只能管几张，不能炸，不能三带二或三带一。

甲先出，他应该怎么出牌才能赢呢？

343. 纸牌游戏

高级　　难度星级：☆★★★★　　知识点：策略思维

小明、小李和小王3个人玩一种纸牌游戏，一共用36张牌，是18个对子。然后从中间随机抽出一张放在一旁，谁也不知道它是什么牌。这样就剩下了 17 个对子，还有一个单张。然后按照下列规则玩牌。

（1）小明发牌，先给小李 1 张，再给小王 1 张，然后给自己 1 张。如此反复，直到发完所有的牌。

（2）在每个人都把手中成对的牌拿出之后，每人手中至少剩下 1 张牌，而 3 个人手中的牌总共是 9 张。

（3）在剩下的牌中，小李和小明手中的牌加在一起能配成的对子最多，小王和小明手中的牌加在一起能配成的对子最少。

那么，请问那个唯一的单张发给了谁？

提示：应判定出给每个人发了几张牌以及每两个人手中的牌加在一起能配成对子的数目。

344. 谁没有输过

高级　　难度星级：☆★★★★　　知识点：策略思维

爸爸、妈妈和儿子 3 个人玩了两盘纸牌游戏，其玩法是：游戏者轮流从别人手中抽牌，直到有一个人手中只剩下 1 个单张，此人便是输者。在抽牌后配成了对子，便打出这对牌。如果一个人从第二个人手中抽了一张牌并打出一个对子之后，手中已经无牌，则轮到第三个人抽牌时就从第二个人手中抽。通过抽牌来配成对子，并且尽量避免手中只留下 1 个单张。

在每一盘接近尾声的时候，有如下情况。

（1）爸爸只有 1 张牌，妈妈只有 2 张牌，儿子也只有 2 张牌；这 5 张牌包括 2 个对子和 1 个单张，但任何人手中都没有对子。

（2）爸爸从妈妈手中抽了 1 张牌，但没能配成对。

（3）妈妈从儿子手中抽了 1 张牌，随后儿子从爸爸手中抽了 1 张牌。

（4）在任何一盘中，没有一个人手中两次拿着同样的一手牌。

（5）没有一个人连输两盘。

在两盘游戏中，谁没有输过？

提示：判定 3 个人手中纸牌的可能分布，然后判定一盘游戏该怎样进行才能做到没有一个人手中两次拿着同样的一手牌。

345. 巧胜扑克牌

高级　　难度星级：☆★★★★　　知识点：策略思维

现有扑克牌智力题如下。

甲方：1 个 2，3 个 K，3 个 J，2 个 Q，2 个 7，2 个 6，2 个 5，2 个 4，1 个 3。

乙方：2 个 A，2 个 10。

规定：由甲方先出，先出完者为胜。规则符合一般出牌规则，此外可出三带双（如 3 个 J 带 2 个 4），但不可出三带一（如 3 个 K 带 1 个 3）。可出五连顺（如 34567），但不可出四连顺（如 4567）。也不可出连对（如 4455 等）。

问甲方可否胜出？

346. 没有出黑桃

高级　　难度星级：☆★★★★　　知识点：逻辑思维

爸爸和儿子二人玩一种纸牌游戏，规则是：双方先后各出一张牌为一圈。后手在每一圈中都必须按先手出的花色出牌，除非手中没有相应的花色，而先手则可以随意出牌。每一圈的胜方即为下一圈的先手。

开始的时候，双方手中各有 4 张牌，其花色分布如下。

爸爸手中：黑桃—黑桃—红心—梅花。

儿子手中：方块—方块—红心—黑桃。

（1）双方都各做了两次先手。

（2）双方都各胜了两圈。

（3）在每一圈中先手出的花色都不一样。

（4）在每一圈中都出了两种不同的花色。

在打出的这四圈牌中，哪一圈没有出黑桃？

注：王牌至少胜了一圈。（王牌是某一种花色中的任何一张牌，它可以：①在手中没有先手出的花色的情况下，出王牌，这样，一张王牌将击败其他三种花色中的任何牌；②与其他花色的牌一样作为先手出的牌。）

提示：从先手和胜方的可能序列中判定王牌的花色；然后判定在哪一圈时先手出了王牌并取胜。最后判定在哪一圈时出了黑桃。

347. 什么花色最多

高级　　难度星级：☆★★★　　知识点：逻辑思维

某人手中有 13 张扑克牌，这些牌有如下情况。

（1）没有大王、小王，但红桃、黑桃、方块、梅花 4 种花色都有。

（2）各种花色牌的张数不同。

（3）红桃和黑桃合起来共有 6 张。

（4）红桃和方块合起来共有 5 张。

（5）有一种花色只有两张牌。

问：这人手中的牌什么花色的最多，有几张？

348. 猜扑克牌

中级　　难度星级：☆☆★★★　　知识点：逻辑思维

桌上有 8 张已经编号的扑克牌扣在上面，它们的位置如下图所示。

在这 8 张牌中，只有 K、Q、J 和 A 这 4 种牌。其中至少有一张是 Q，每张 Q 都在两张 K 之间，至少有一张 K 在两张 J 之间。

没有一张 J 与 Q 相邻；其中只有一张 A，没有一张 K 与 A 相邻，但至少有一张 K 和另一张 K 相邻。

你能找出这 8 张扑克牌中哪一张是 A 吗？

349. 分别有几张牌

中级　　难度星级：☆☆★★★　　知识点：计算

一天，一位数学教授去同事家做客。他们坐在窗前聊天，看到 4 个孩子在玩扑克牌。

数学教授就问同事的孩子甲："你们现在每个人手里分别有几张牌？"

甲说："我的牌最多，乙的其次，丙的再次，丁的牌最少。我们的牌的总数加起来不超过 17 张。可也真巧，如果把我们每个人的牌数相乘，其积正好是我们家的门牌号，这个号码您是知道的。"

教授："让我来试试把你们每个人的牌数算出来吧。不过要解这个问题，已知数据还不够。请告诉我，丁的牌数是一张呢，还是不止一张？"

甲回答了这个问题。客人听后，很快就准确地计算出了每个人手中牌的数目。你在不知道甲家门牌号码和丁是否只有一张牌的情况下，能否算出这道题呢？

350. 洗牌（1）

中级　　难度星级：☆☆★★★　　知识点：逻辑思维

有一副牌 52 张，编号 1 到 52。初始状态是 1 号到 52 号编号自小到大。现在开始洗牌。假如我洗牌技术一流，每次都均分成 26/26 两手，而且每次洗下来都左右各一张且编号相间自小到大。这样，第一次洗后的状态是：1，27，2，28，3，29……26，52。

问：洗几次后又回到初始状态 1，2，3，4……51，52？

351. 洗牌（2）

中级　　难度星级：☆☆★★★　　知识点：逻辑思维

10 张扑克牌用和"洗牌（1）"相同的手法洗牌，即每次都均分成 5/5 两手，而且每次洗下来都左右各一张且编号相间自小到大。要洗几次才会回到原来的排列方式？

352. 取牌游戏

中级　　难度星级：☆☆★★★　　知识点：逻辑思维

一个有意思的小游戏，两个人轮流从 A～K 取牌。一个人一次只可以取一张或者大小相连的两张，谁取到最后的那张牌谁就是赢家。有一个聪明的小姑娘发现，只要使用一种技巧，就可以在这个游戏中一直获胜。那么，这个获胜的人是先取的人还是后取的人？需要用什么方法呢？（K和A，A和2，2和3都算是大小相连的牌。）

353. 第九张牌

高级　　难度星级：☆★★★★　　知识点：逻辑思维

一副牌54张，先数30张牌出来，在数的时候记下第九张牌的花色和点数，然后把这30张牌牌面朝下放到一边。剩下的牌翻开第一张，比如是5，就从5开始数一直数到10，把这条牌列放到一边，如此数出三条牌列来（如果翻开的第一张是JQK，就放到牌的最后去，继续数）。三条牌列摆好后，把剩下的牌放到先前数好的30张牌上。现在把每条牌列的第一张拿出来相加得出一个数，从旁边的30多张牌堆里去数，会发现正好就是你之前记的第九张牌。

每次数那3条牌列时都是随机的，为什么记第九张牌，每次都能猜出来呢？

354. 排队发牌

高级　　难度星级：☆★★★★　　知识点：逻辑思维

在操场上站着6名学生，排列在一条直线上，从左至右分别编号1～6。现在有5张不同花色的扑克牌——一张黑桃A、一张方块A、一张红心A、一张梅花A、一张王牌，需要发给这些学生。一个学生只能发一张牌，这样不管怎样安排，都会有一名学生没有牌。

而且，这些牌必须按以下条件发给这些学生。

（1）方块A必须离红心A近，离王牌远。

（2）黑桃A必须发给紧挨在王牌左边的人。

（3）梅花A不能与王牌毗邻。

（4）红心A不能发给1号学生。

问题1：下列各组从左至右的发牌方法除一组之外，均符合以上条件，请指出不符合条件的那一组（　　）

A. 方块A、红心A、梅花A、不发牌、黑桃A、王牌

B. 方块A、红心A、不发牌、黑桃A、王牌、梅花A

C. 方块A、梅花A、红心A、黑桃A、王牌、不发牌

D. 梅花A、不发牌、黑桃A、王牌、红心A、方块A

E. 不发牌、方块A、梅花A、红心A、黑桃A、王牌

问题2：如果方块A必须发给紧邻黑桃A左边的人，那么下列哪种从左至右的安排是符合条件的？（　　）

A. 红心A、方块A、黑桃A、王牌、不发牌、梅花A

B. 梅花A、红心A、不发牌、方块A、黑桃A、王牌

C. 不发牌、红心A、方块A、黑桃A、王牌、梅花A

D. 不发牌、梅花A、红心A、方块A、黑桃A、王牌

E. 不发牌、红心A、梅花A、方块A、黑桃A、王牌

问题3：如果改变已知条件，使红心A发给1号。如果只有一

种可能，这种可能是（　）

A. 红心 A、不发牌、方块 A、梅花 A、黑桃 A、王牌
B. 红心 A、不发牌、方块 A、黑桃 A、王牌、梅花 A
C. 红心 A、方块 A、不发牌、王牌、黑桃 A、梅花 A
D. 红心 A、梅花 A、不发牌、黑桃 A、王牌、方块 A
E. 红心 A、方块 A、不发牌、黑桃 A、王牌、梅花 A

355. 分别是什么牌

中级　　难度星级：☆☆★★★　　知识点：逻辑思维

桌子上放着 6 张扑克牌，分为上下两排，每排 3 张。这 6 张牌分别编号为 1、2、3、4、5、6。其中 1 号在某一排的中间位置，且和其他的牌的位置有着如下的关系。

（1）1 号的旁边是红心 A。

（2）红心 A 的对面是方块 A。

（3）方块 A 的隔壁是大王。

（4）4 号的对面是 6 号。

（5）6 号的隔壁是黑桃 A。

（6）6 号与梅花 A 在同一排。

那么，想一想 1 号是什么牌呢？

356. 3 个人分牌

中级　　难度星级：☆☆★★★　　知识点：倒推法

桌上放有若干张牌。甲把这些牌平分成 3 份，发现还多了一张，他就拿走了其中的一份和多出来的那张。乙把剩下的牌继续平分成 3 份，也多了一张，他也拿走了其中的一份和多出来的那张。丙把剩下的牌继续平分成 3 份，还是多了一张，他也拿走了其中的一份和多出来的那张。请问，一开始最少有多少张牌？

357. 花色游戏

中级　　难度星级：☆☆★★★　　知识点：逻辑思维

几个男孩在一起玩牌，每个人要先抽 12 张牌。已知这些牌只有红桃、黑桃和方块这 3 种花色，而且方块比黑桃少，而黑桃又比红桃少。因此，每个人拿的时候红桃要拿得最多，方块要拿得最少，并且每种花色的牌都要拿。

小明先拿了 12 张牌，其他的男孩也都照着做，最后发现，这些牌的张数刚好够大家拿。几个男孩最后把牌互相看了一下，发现拿法全都不一样，而且只有小强有 4 张黑桃。

小明对小刚说："我的红桃比你的多。"

小刚突然说："咦，我发现我们 3 个人的方块一样多啊！"

"嗯，是啊！"小华附和说，"咦，我怎么掉了一张牌？"说着把脚边的一张方块捡了起来。

几个男孩手里总共有 26 张红桃。请问这里有多少个男孩？各种花色的牌各有多少张？

358. 5 个女儿

高级　　难度星级：☆★★★★　　知识点：逻辑思维

于先生有 5 个女儿，一天，她们 5 个一起打牌。每人手里都有 8 张牌，而且 4 种花色的牌都有，4 种花色的牌加起来的总数也一样多，但是 5 个人的牌的花色组合各有特色。5 个女儿的牌的情况如下。

大女儿的牌中，红桃比其余 3 种花色加起来还要多。

二女儿的牌中，黑桃比其余任何一种花色都少。

三女儿的牌中，红桃和方块之和与黑桃和梅花之和相等。

四女儿的牌中，方块是梅花的两倍。

小女儿的牌中，梅花和黑桃一样多。

请问：每个女儿的牌中 4 种花色各有多少张。

359. 哪对被隔开了

高级　　难度星级：☆★★★★　　知识点：逻辑思维

有 8 张牌且是 4 个对子：对 3、对 4、对 5、对 6。每个对子都是一张红桃一张黑桃。这 8 张牌均匀围成一圈放在桌上，而且只有一个对子没有相邻。

（1）红桃 3 对面的牌是在黑桃 4 左边的黑桃。

（2）红桃 5 左边的牌是在黑桃 6 对面的一张红桃。

（3）黑桃 6 右边的是张红桃，在黑桃 3 左边第二位置上的红桃的对面。

问：哪对牌被隔开了？

360. 3 人扑克

中级　　难度星级：☆☆★★★　　知识点：逻辑思维

甲、乙、丙 3 人打牌，最后每人还剩 4 张牌，而且是如下情况。

（1）没人手里有对子。

（2）每人手里的牌加起来都等于 17。

（3）乙有两张牌分别与甲的两张一样，乙另两张牌与丙的两张一样。

（4）甲与丙只有一张相同。

（5）每人手里的牌都没有大过 7 的。

问 3 人手里各是哪几张牌？

361. 牌的顺序

中级　　难度星级：☆☆★★★　　知识点：逻辑思维

红心 A、2、3、4、5、6 这 6 张牌摞在一起。已知存在如下情况。

（1）红心3在红心5的上面。

（2）红心A在红心6的下面。

（3）红心5不在第五张。

（4）红心4和红心A之间隔着两张牌。

（5）红心2在红心5的下面，并紧挨着红心5。

请问：第四张牌是什么？

362. 巧辨花色

中级　　难度星级：☆☆★★★　　知识点：逻辑思维

桌上放着3叠背面朝上的牌，小明猜道：第一叠全是红桃，第二叠全是黑桃，第三叠是黑桃与红桃混在一起。很可惜，虽然这3叠牌确实有一叠全是红桃，有一叠全是黑桃，还有一叠是黑桃与红桃混在一起，但是小明一叠都没猜中。现在允许你从其中一叠里抽看一张牌，你能据此推测出每一叠的花色吗？

363. 名字与花色

中级　　难度星级：☆☆★★★　　知识点：逻辑思维

小红、小黑和小方3个人分别抓了一张牌。

其中一个人说道："我的是红桃！"说到这里，她好像发现了什么，惊喜地对同伴们说："真有意思，3张牌正好是红桃、黑桃和方块，但小红抓的不是红桃，小黑抓的不是黑桃，小方抓的也不是方块。"

小黑看了一圈说："真是这样的，你要是不说，我还真没注意呢！"

你能根据他们的对话，猜出小红、小黑和小方各抓了什么花色的牌吗？

364. 重排5张牌

中级　　难度星级：☆☆★★★　　知识点：逻辑思维

有5张牌顺序排放，分别是A、2、3、4、5，如何使它们倒过来排放，变成5、4、3、2、A，要求是从这5张牌中每次不管抽出多少张，抽的牌必须是挨着的，而且只能将抽的牌不打乱次序全部放左边或者全部放右边，只能放3次。

365．覆盖圆桌

中级　　难度星级：☆☆☆★★　　知识点：发散思维

两个小孩用牌玩一个游戏，他们轮流在一张圆桌上放牌。规定每次只能放一张，并且桌上的牌之间不能有重叠，谁先没地方放，谁就算输了。

你能给先放的小孩想出一个必赢的策略吗？

366．小魔术

中级　　难度星级：☆☆★★★　　知识点：逻辑思维

这是一个小魔术，由两个人配合与一名观众一起表演：一副扑克去掉大小王，余52张。由观众随机抽5张给魔术师助手，助手看完牌后选了1张牌扣在桌面上，并把另外4张牌按某种顺序排成1排。观众按顺序将4张牌的花色和点数说给魔术师听。魔术师听过这4张牌后准确无误地说出了开始扣在桌上那张牌是什么。当然，魔术师和助手在之前讨论过方案。另外，助手在整个过程中不能以任何其他方式将信息透露给魔术师。请问魔术师的策略是什么？

367. 跳跃魔术

高级　　难度星级：☆★★★★　　知识点：逻辑思维

你的朋友告诉你，他今天要跟你打个赌：他首先把一副扑克牌洗好，把除两个王以外的 52 张牌依次扣在桌面上，然后他把第二张牌翻开，是方块 5，他向前数 5 张牌，翻开后，是梅花 4，然后又向前数了 4 张牌，以此类推，每一次翻开的牌上面的数字是几，就向前走几步（J，Q，K 按 1 算）……最后，当翻开红桃 5 时，已经接近牌的末尾，无法再向前数了。

接着，他把除最后翻开的红桃 5 以外的所有牌都翻回去。然后他说："你可以从第一张牌到第十张牌任意选一张开始，重复我的过程，如果你最后的一张牌也停在红桃 5，那么你就输了；如果你最后一张不是红桃 5，我就输了。"你敢跟你的朋友打这个赌吗？

368. 猜牌术

高级　　难度星级：☆★★★★　　知识点：逻辑思维

表演者将一副牌交给观众，然后背过脸去，请观众按他的口令去做。

（1）在桌上摆3堆牌，每堆牌的张数要相等（假如是15张），但是不要告诉表演者。

（2）从第二堆拿出4张牌放到第一堆里。

（3）从第三堆牌中拿出8张牌放在第一堆里。

（4）数一下第二堆还有多少牌，（本例中还有11张牌），从第一堆牌中取出与第二堆相同数的牌放在第三堆。

（5）从第二堆中拿出5张牌放在第一堆中。

表演者转过脸来，现在说："把第二堆牌、第三堆牌拿开，那么第一堆中还有21张，对不对？"观众数一下，果然还有21张。

这其中有什么诀窍呢？

369. 神机妙算

高级　　难度星级：☆★★★★　　知识点：逻辑思维

小明和小李两个人想玩扑克牌，小明忽然想起一个主意，把牌递给小李，说："我有一套神机妙算的本领，要不要试试？""神机妙算？算什么？""算牌！我转过身，不看牌，你照我的步骤做。第一步，发牌，分发在左、中、右3堆，各堆牌的张数相同，但是不要说出有几张；第二步，从左边一堆拿出两张放进中间一堆；第三步，从右边一堆拿出一张，放进中间一堆；第四步，从中间一堆往左边运牌，使左边一堆牌的张数加倍。现在数数看，中间一堆还剩几张牌？""数过了，不告诉你。""不说也知道，中间还剩5张！""你怎么知道的呢？""是算出来的，神机妙算！"

你知道小明是怎么算出来的吗？

370. 很古老的魔术

高级　　难度星级：☆★★★★　　知识点：逻辑思维

A和B两人表演魔术。A从一副完整的纸牌54张中任意抽出5

张，然后选择其中 4 张按照自己选定的顺序正面朝上摆在桌面上。B 看完这 4 张牌就可以猜出剩的那一张是什么。当然，B 只可以通过这 4 张牌的花色点数及其排列顺序来进行判断，A、B 之间没有传递其他信息。具体策略是 A、B 事先约定好的。你能设计出这样的策略吗？

371. 第十一张牌

高级　　难度星级：☆★★★★　　知识点：逻辑思维

有 21 张牌，表演者把这 21 张牌洗好后，在桌上排成 7 列，每列 3 张。然后，表演者请一位观众心里默默地记住其中的任意一张牌，并只告诉表演者这张牌在哪一行。表演者把那位观众没有记牌的那两行中的一行从左到右收起，再把观众记牌所在的那一行从左到右收起，最后将剩下一行也从左到右收起。

接着，表演者把收成一叠的牌从左到右重新摆成 7 列，每列 3 张。摆完以后，再问记牌的观众，他刚才所记的牌在哪一行。那位观众回答完以后，表演者按上次叠牌的顺序和方向把牌叠好，再把牌摆成新的 7 列，再问那位观众他记的牌在哪一行。把牌按上述的顺序和方法再叠起来，并重新摆成 7 列。这时表演者指着最中间的第十一张牌对观众说，这张就是你记的牌！

请问这个魔术的原理是什么？

372. 魔术

高级　　难度星级：☆★★★★　　知识点：逻辑思维

有一天，豆子和小羽在看电视上的一个魔术节目。魔术师邀请了 5 位现场观众上来参与表演，他先让观众检查他手上的牌有没有问题，然后请观众在 52 张扑克牌中任选 25 张。魔术师将这 25 张牌分成 5 组，要 5 位观众各选一组，再从各自选择的那组中选出一张"记在心里"，就是不可以跟任何人讲，没有人知道观众心里记的是什么牌，当然，魔术师也不知道。这时候，魔术师将 25 张牌收回来，然后开始洗牌，只见其手法利落，纸牌如飞般地重新编组，然后他又将牌分成 5 组，先拿出第一组 5 张，问 5 位观众，是否这 5 张中有他们心中的牌。若有则点头，但不需说出是哪一张；若无则摇头。当然，第一组牌问完后又问第二组牌，以此类推。然后魔术师将手中的牌分组后，在 5 位观众面前分别放一张牌，然后问观众，是这张牌就是他们心中的牌。当然，结果就是他们心中记忆的牌。电视机旁的小羽拼命鼓掌。

"这不过是巧用数学罢了"，在一旁沉思已久的豆子兴奋地说，"如果我有他的洗牌技术，我也可以表演这个魔术。"

请问：豆子说的是真的吗？

373. 轮流猜花色

高级   难度星级：☆★★★★   知识点：逻辑思维

在一档电视节目里，主持人和几个很聪明的人玩一个游戏。主持人先把 3 张黑桃、4 张红桃、5 张方块亮给大家看，然后请大家背对桌子站着，主持人从 12 张牌里挑出 10 张放在桌子上。游戏开始，主持人先从桌子上的 10 张牌中拿走一张，然后让一个人转过身来，问他能否根据桌子上的牌推测出刚才主持人拿走的是什么花色。如果他推测不出来，主持人就再从桌上拿走一张牌，并请下一个人转过身来根据桌子上的牌和前面人的回答来推测主持人最近一次拿走的那张牌的花色。有可能直到 10 张牌都被拿走都没人能推测出来吗？

第十五章

悖论与诡辩

悖论，就是按照正确的逻辑思维，却得出矛盾的结果。而诡辩，就是有意地把真理说成是错误，把错误说成是真理的狡辩。

与诡辩相比，悖论虽然表面看上去违背真理，但在逻辑上却是无懈可击的。而诡辩通常是通过偷换概念、混淆事实、颠倒黑白等方式来完成辩论的。所以，诡辩是有漏洞的，而悖论是没有漏洞的。这是悖论与诡辩最大的区别。

古今中外有不少著名的悖论，它们震撼了逻辑和数学的基础，激发了人们求知和精密的思考，吸引了古往今来许多思想家和爱好者的注意力。解决悖论难题需要创造性思考，悖论的解决又往往可以给人带来全新的观念。

悖论有三种主要形式。

（1）一种论断看起来好像肯定错了，但实际上是对的（佯谬）。

（2）一种论断看起来好像肯定是对的，但实际上错了（似是而非的理论）。

（3）一系列推理看起来好像无懈可击，可是导致逻辑上自相矛盾。

同时假定两个或更多不能同时成立的前提，是一切悖论问题的共同特征。

诡辩在现实中是令人厌恶的，但是在逻辑学的探讨中有相当的位置。孔多塞说："希腊人滥用日常语言的各种弊端，玩弄字词的意义，以便在可悲的模棱两可之中困搅人类的精神。可是，这种诡辩却也赋予了人类的精神以一种精致性，同时它又耗尽了他们的力量来反对虚幻的难题。"

玩弄诡辩术的人，从表面上来看，似乎能言善辩，道理很多。他们在写文章或讲话的时候往往滔滔不绝，振振有词。他们每论证一个问题，也总是可以拿出许多"根据"和"理由"来。但是，这些根据和理由都是不能成立的。他们只不过是主观主义地玩弄一些概念，搞些虚假或片面论据，做些歪曲的论证，目的是为自己荒谬的理论和行为做辩护。

374. 学费之讼

中级　　难度星级：☆☆★★★　　知识点：逻辑悖论

在已知的悖论里，关于希腊法律教师普罗塔哥拉的这一个或许是最早的悖论之一。普罗塔哥拉收了一个有才气的穷弟子，答应免费教授，条件是他完成学业又打赢头场官司之后要付给普罗塔哥拉一笔钱。弟子答应照办。有趣的是，等弟子完成了学业之后偏不去跟人打什么官司，游手好闲了很久。为了得到那笔钱，普罗塔哥拉就告了弟子一状，要求弟子马上付给他学费。双方在法庭上提出各自的论点。

弟子：如果我打赢了这场官司，那么根据判决，我不必付学费；如果我打输了这场官司，那么我还没有"打赢头场官司"，而我打赢头场官司之前不向普罗塔哥拉付学费。可见，不论这场官司我是赢是输，我都不必付学费。

普罗塔哥拉：如果他打输了这场官司，那么根据判决，他必须马上向我付学费；如果他打赢了这场官司，那么他就"打赢了头场官司"，因此他也必须向我付学费。不论哪种情况，他都必须付学费。

他俩谁说得对？

375. 谷堆悖论

中级　难度星级：☆☆★★★　知识点：逻辑悖论

如果1粒谷子落地不能形成谷堆，2粒谷子落地不能形成谷堆，3粒谷子落地也不能形成谷堆，依此类推，无论多少粒谷子落地都不能形成谷堆。这个推理有什么问题呢？

376. 奇怪的悖论

高级　难度星级：☆★★★★　知识点：逻辑悖论

下面看同一个人在不同场合说的三句话。

"宇宙是这么浩瀚，我是如此渺小，在绚丽无边的宇宙里面，我的存在微不足道，我简直什么都不是。"

"我是人类，人类自然要比其他生物高级，因为只有人类具有智慧。"

"天哪，这朵花真是太漂亮了，世界上还有什么东西能比这朵花更动人吗？这是世上最完美的造物！"

通过这三句话，我们能推理出一个什么奇怪的结论呢？

377. 飞矢不动

高级　难度星级：☆★★★★　知识点：逻辑悖论

一次古希腊的哲学家芝诺问他的学生："一支从弓射出去的箭是运动的还是静止的？"

学生答道："那还用说，当然是动的。"

芝诺道："的确如此，这是很显然的，这支箭在每个人的眼里都是运动的。现在我们换个考虑方式，这支箭在每一个瞬间里都有它的位置吗？"

学生答道："有的，老师，任何一个瞬间它都在一个确定的位置。"

芝诺问道："在这个瞬间里，这支箭占据的空间和它的体积一样吗？"

学生答道："是的，这支箭有确定的位置，又占据着和它自身体积一样形状大小的空间。"

芝诺继续问道："那么在这个瞬间里，这支箭是运动的，还是静止的？"

学生答道："是静止的。"

芝诺道："在这个瞬间是静止的，那么在其他瞬间呢？"

学生答道："也是静止的。"

芝诺道："既然每一个瞬间这支箭都是静止的，所以射出去的箭都是静止的。"

芝诺的这一理论到底错在了哪里？

378. 白马非马

高级　　难度星级：☆★★★★　　知识点：逻辑悖论

战国时期，有一天，公孙龙骑着一匹白马要进城。守门的士兵把他拦下来说道："本城规定，不许放马进城。"

公孙龙心生一计，说道："我骑的是白马，并不是马，所以可以进城。"

士兵奇怪道："白马怎么就不是马了？"

公孙龙道："因为白马有两个特征：一，它是白色的；二，它具有马的外形。但是马只有一个特征，就是具有马的外形。一个具有两个特征，一个只具有一个特征，这两个怎么能是一回事呢？所以白马根本就不是马。"

士兵被说得无法回答，只好放公孙龙和他的白马进城。公孙龙也因此而成名，成为战国时期"名家"的代表人物。

公孙龙的话看上去似乎很有道理，要用两个特征来定义的事物确实不等同于只用一点特征就能定义的事物。可是如果我们接受了"白马非马"，那么也能如法炮制地得出"白猫不是猫"，"铅笔不是笔"，"橘子不是水果"，甚至"男人女人都不是人"等结论来。那么公孙龙"白马非马"的论证到底哪里有问题呢？

379. 希腊老师的辩术

高级　　难度星级：☆★★★★　　知识点：逻辑悖论

有一天，两个学生去请教他们的希腊教师。问道："老师，究竟什么叫诡辩呢？"

希腊老师望望两个学生，想了一会儿，说："我先给你们出个问题吧。有两个人到我这里做客，一个很爱干净，另一个很脏。我请他们两个洗澡，你们想想，他们两人中谁会洗呢？"

在这个问题中，无论两个学生回答什么答案，老师都可以否定他们，从而教会他们什么是诡辩。你知道老师是怎么说的吗？

380. 日近长安远

高级　　难度星级：☆★★★★　　知识点：逻辑悖论

只有几岁的晋明帝，有一天在他爸爸身边玩耍，正巧碰上从长安来的使臣。

爸爸问他："你说太阳和长安哪个离你近？"

儿子答："长安近。因为没有听说过有人从太阳那边来，不就是证明吗？"

爸爸听了很高兴，想把自己的儿子当众夸耀一番。

第二天当着许多大臣的面爸爸又问他："你说太阳和长安哪个离你近？"

"太阳离我近。"这个孩子忽然改变了答案。

爸爸感到惊奇，便问他说："你为什么和昨天说的不一样呢？"

你知道他是怎么回答的吗？

381. 子非鱼，安知鱼之乐

中级　　难度星级：☆☆★★★　　知识点：逻辑悖论

《庄子》外篇《秋水》中记载着庄子与惠施在壕梁之上观鱼时的一段对话。

庄子说："鲦鱼出游从容，是鱼之乐。"

惠施问："子非鱼，安知鱼之乐？"

你知道庄子是怎么回答的吗？

382. 狡诈的县官

中级　　难度星级：☆☆★★★　　知识点：诡辩

从前有一个县官要买金锭，店家遵命送来两只金锭。县官问："这两只金锭要多少钱？"

店家答："太爷要买，小人只按半价出售。"

县官收下一只，还给店家一只。

过了许多日子，他不还账，店家便说："请太爷赏给小人金锭价款。"

县官装作不解的样子说："不是早已给了你吗？"

店家说："小人从没有拿到啊！"

你知道这个贪财的县官是如何说的吗？

383. 负债累累

中级　　难度星级：☆☆★★★　　知识点：诡辩

某人负债累累，有一天他家里来了许多讨债的人，椅子凳子都坐满了，还有的人坐在门槛上。这个欠债的人急中生智，在坐门槛的人耳朵边悄悄地说："请你明天早点儿来。"

那人听了十分高兴，于是站起来把其他讨债的人都劝说走了。第二天一大早，他就急急忙忙来到欠债人家里，一心认为债户能单独还债。岂知见面后欠债的人对他说了一句话，气得他一句话也说不出来。

你知道他说了什么吗？

384. 天机不可泄露

中级　　难度星级：☆☆★★★　　知识点：一词多义

从前，有3个秀才进京赶考，途中遇到一个人称"活神仙"的算命先生，便前去求教："我们此番能考中几个？"

算命先生闭上眼睛掐算了一会儿，然后竖起一根指头。

3个秀才不明白是什么意思，请求说清楚一点。

算命先生说："天机不可泄露，以后你们自会明白。"

后来3个秀才只考中了一个，那人特来酬谢，一见面就夸奖说："先生料事如神，果然名不虚传。"还学着当初算命先生那样竖起一根指头说："确实'只中一个'。"

秀才走后，算命先生的老婆问他："你怎么算得这么灵呢？"

算命先生嘿嘿一笑说："你不懂其中的奥妙，无论结果如何我都能猜对。"

你知道这是为什么吗？

385. 禁止吸烟

中级　　难度星级：☆☆★★★　　知识点：诡辩

某工厂的一位车间主任看见工人小王上班时在车间里吸烟，就批评他说："厂里有规定，工作时禁止吸烟！"

但是聪明的小王马上说了一句话，让主任无话可说。

你知道小王说了句什么话吗？

386. 辩解

中级　　难度星级：☆☆★★★　　知识点：偷换概念

有个县官上任伊始，便在堂上高悬一副对联：

得一文，天诛地灭；

徇一情，男盗女娼。

但是，实际上他却贪赃枉法。有人指责他言行不一，忘记了誓联。

你知道他是怎么辩解的吗？

387. 立等可取

中级　　难度星级：☆☆★★★　　知识点：偷换概念

一天上午，小李到一家国营钟表修理店修表，修表师傅接过手表看了看说："下午来取。"

小李说："怎么还要下午取呢？店门外挂的牌子上不是写着'立等可取'吗？"

你知道修表师傅是如何辩解的吗？

388. 我被骗了吗？

中级　　难度星级：☆☆★★★　　知识点：逻辑悖论

在我小学的时候有件事情困惑了我很久，并让我从此迷上了逻辑。那天是四月一日愚人节，一大早我哥哥就过来和我说："弟弟，今天是愚人节，我要好好骗你一回，做好准备吧，哈哈。"

我从小就很争强好胜，所以那一整天我都提防着他，不想被他成功骗到。但是直到那天晚上要睡觉了，哥哥都没有再和我说过一句话，更别说骗我了。妈妈看我还不睡，问我怎么了。

我把早上的事情说了一下，妈妈就把哥哥叫来说："你就别让弟弟等着不睡觉了，赶快骗一下他吧。"

哥哥回过头问我："你一整天都在等着我骗你吗？"

我："是啊。"

他："可我没骗吧？"

我："是啊。"

他："这不得了，我已经把你给骗倒了。"

那天晚上我在自己的床上翻来覆去想了很久，我到底有没有被骗呢？

389. 被小孩子问倒了

中级　　难度星级：☆☆★★★　　知识点：逻辑悖论

上大学时，我去一位教授家拜访。教授有两个孙子，一个 6 岁，另一个 8 岁。我经常给那两个孩子讲故事。

一次，我吓唬他们说："我会一句魔法咒语，能把你们俩全变成小猫哦。"

没想到他俩一点也不怕，反而很感兴趣地说："好啊，把我们变成小猫吧。"

我只好支吾道："可是……变成小猫后就没法变回来了。"

小的那个孩子还是不依："没关系的，反正我要你把我们变成小猫。"

大的那个孩子说道："那你把这句咒语教给我们吧。"

我答道："如果我要告诉你们咒语是什么，我就把它念出声了，你们就变成小猫了。而且不光是你们两个会变成小猫，所有听到的人都会变成小猫，连我自己也不例外。"

小的那个孩子说："那可以写在纸上嘛！"

我答道："不行，不行，就算只是把咒语写出来，看到的人也会变成小猫的。"

他们似乎信以为真，想了一会儿觉得没意思了就去玩别的了。

如果你是这个孩子，你会怎么反驳我呢？

390. 苏格拉底悖论

中级　　难度星级：☆☆★★★　　知识点：逻辑悖论

有"西方孔子"之称的雅典人苏格拉底是古希腊的大哲学家，

曾经与普洛特哥拉斯、哥吉斯等著名诡辩家观点相对。他建立"定义"以对付诡辩派混淆的修辞，从而大败对手。但是他的道德观念不为希腊人所容，竟在 70 岁的时候被当作诡辩杂说的代表。在普洛特哥拉斯被驱逐、书被焚 12 年以后，苏格拉底也被处以死刑，但是他的学说得到了柏拉图和亚里士多德的继承。

苏格拉底有一句名言："我只知道一件事，那就是我什么都不知道。"

你知道这句话有什么问题吗？

391. 我有说谎吗？

中级　　难度星级：☆☆★★★　　知识点：逻辑悖论

大学快要毕业的时候，我在外面四处投简历求职。有家公司的销售部门给了我一个面试机会。面试的时候他们向我提了很多问题，其中有一个是："你反感偶尔说一点儿谎吗？"

天地良心，我当时明明是反感的，尤其是反感那些为了销售成绩而把产品瞎吹一气的推销员。可是转念一想，如果我照实回答"反感"的话，这份工作肯定就吹了。所以我说了个谎，说了声："不。"

面试完后，在骑车回学校的路上，我回想面试时的表现，忽然这么问了自己一句："我对当时回答面试官的那句谎话反感吗？"我的回答是"不反感"。咦，既然我对那句谎话并不反感，说明我不是对一切谎话都反感，因此面试那会儿我答的"不"并不是谎话，反而是真话啦！

事到如今，我还是不大清楚当时算不算说了谎。你说我到底有没有说谎呢？

392. 小红帽脱险

中级　　难度星级：☆☆★★★　　知识点：两难困境

小红帽去看外婆，但不幸落入了大灰狼的魔爪。大灰狼得意之际对小红帽说："你可以说一句话。如果这句话是真话，我就煮了你吃；如果这句话是假话，那我就把你炸了吃。"

小红帽不想被大灰狼吃，她应该怎么说这句话呢？

393. 借锄头

中级　　难度星级：☆☆★★★　　知识点：两难困境

甲、乙两个农民是邻居，乙到甲家里去借锄头，甲不想借，又不好意思直接拒绝，就说："如果你能猜出来我现在在想什么，我就把锄头借给你。"乙非常想借到这个锄头，否则就错过播种时机了，绞尽脑汁之后，他想出了个绝妙的答案，甲听之后，说了声："对"

后，就不得不把锄头借给了乙。

你知道乙说了什么吗？

394. 要钱币

中级　　难度星级：☆☆★★★　　知识点：两难困境

有个人拿出一枚一元硬币、一枚五角硬币以及一枚一角硬币，他告诉你，只要你讲一句真话，他就给你一枚钱币，可是没有说是哪一枚。但是如果你说的是假话，就不给你钱币。

请问你要讲什么话，那个人一定会给你一元硬币？

395. 都想要的苹果

中级　　难度星级：☆☆★★★　　知识点：两难困境

中秋节，单位发给每人 5 个苹果作为过节礼物。小王和小张看了之后，都觉得公司太抠门了，苹果拿回家都不够吃的。于是小王对小张说："不如我们打个赌吧。你说一句话，如果我相信的话，你就把 5 个苹果都给我；如果我不相信的话，我就把我的 5 个苹果都给你。你看怎么样？"小张想了想，觉得 5 个苹果拿回家确实太少了，就答应了小王的要求。于是小张说了句话，小王想了想，不得不把 5 个苹果都给了他。

你能猜到他说了什么话吗？

396. 吹牛

中级　　难度星级：☆☆★★★　　知识点：自相矛盾

有一群人在聊天，一个人总是喜欢吹牛，他说："我昨天刚发明了一种液体，无论是什么东西，它都可以溶解。这是世界上最好的溶剂，我明天就去申请专利，我很快就要发财了。"别的人感觉很惊讶，虽然不信，但是不知道如何反驳。这时一个小孩子说了一句话，那个人立刻傻眼了，谎言不攻自破。你知道小孩是怎么说的吗？